ELISABETH KÜBLER-ROSS

Née en 1926, médecin, psychiatre, thanatologue de réputation internationale, Elisabeth Kübler-Ross a avant tout été une pionnière en matière d'accompagnement des personnes en fin de vie. Professeur honoraire de médecine du comportement et de psychiatrie à l'université de Virginie, fondatrice du centre de Shanti Nilaya où sont accueillis des enfants atteints du sida, elle a été nommée docteur *honoris causa* de nombreuses universités.
Elle est décédée le 24 août 2004.

AVANT
DE SE DIRE
AU REVOIR

DU MÊME AUTEUR
CHEZ POCKET

LA MORT EST UN NOUVEAU SOLEIL
LA MORT : DERNIÈRE ÉTAPE DE LA CROISSANCE
ACCUEILLIR LA MORT

ELISABETH KÜBLER-ROSS

AVANT DE SE DIRE AU REVOIR

Traduit de l'américain
par Marie Delort Vilnet

Préface de Mal Warshaw

Postface de Marie Delort Vilnet

PRESSES DU CHÂTELET

Ce livre a été publié sous le titre
To Live Until We Say Goobye
par Prentice Hall Press, New Jersey, 1978
(rééd. Touchstone, New York, 1997).

ISBN : 2-266-09826-8

« (...) Porte les yeux sur ta mort
et tu recevras chaque souffle de vie comme un don.
« Porte tes yeux sur la vie passagère
et tu verras l'éternité. (...) »

Faouzi Skali, *Traces de lumière.*

Préface

En l'espace de six mois, je venais de perdre quatre de mes proches : mes parents, un cousin et un ami intime. Et j'avais failli perdre ma belle-mère, restée entre la vie et la mort pendant de longs mois. Ces événements, survenus en un laps de temps si incroyablement court, m'avaient profondément affecté ; ils avaient intensifié mon expérience de la confrontation avec les derniers instants de la vie.

Lorsque Richard Bove, un collègue du Pratt Institute[1] où j'enseignais, me suggéra de choisir le thème de la mort pour un livre de photographies, je me sentis tout de suite concerné. Ma femme, Betty, se montra enthousiaste : elle perçut

1. Célèbre école américaine des Beaux-Arts, d'où sont issus nombre d'artistes reconnus : peintres, photographes, architectes, graphistes, designers... (N.d.T.)

l'intérêt d'aborder par l'image le processus même du mourir sous ses différents aspects. Ses encouragements, sa perspicacité et surtout sa capacité à me confier ouvertement sa terreur de la mort, ses peurs, ses phantasmes, me permirent d'accéder à des sentiments profondément enfouis en moi. Ainsi s'amorça ma recherche : je partis en quête de réponses à nos angoisses communes face à la mort.

Mon agent et amie, Lucy Kroll, me présenta Beth, une femme pleine de vie, qui avait tout juste quarante-deux ans et se mourait d'un cancer. Beth avait envie de partager son expérience et me permit de la photographier jusqu'aux derniers instants.

J'avais déjà beaucoup travaillé avec Beth et pris des centaines de clichés, lorsqu'un ami me suggéra de les montrer à Elisabeth Kübler-Ross. Nous nous sommes rencontrés. De cette rencontre a germé la décision de travailler ensemble. Une admiration et un respect mutuels : ainsi naquit notre amitié. La rencontre avec le docteur Kübler-Ross, la découverte de ses qualités, son intuition si particulière, furent vraiment l'un des cadeaux les plus importants de cette collaboration.

Chez Beth ainsi qu'auprès de mes parents, de mes amis placés devant la même échéance, je remarquai que les personnes proches de la mort, et qui l'ont acceptée, ont le regard empreint d'une profondeur, d'une force, d'une sérénité incroyables. C'est cette merveille, l'essence même de ce regard que j'espérais saisir, pour révéler ces sentiments au plus grand nombre. Il m'apparut dès le début qu'une série de photographies s'imposait pour montrer le processus à l'œuvre et offrir à chaque histoire son cadre de référence.

Généralement, le photographe entretient avec son sujet un lien particulier et signifiant, qu'il s'agisse d'un être humain, d'un paysage ou d'un objet inanimé. Il se situe en observateur objectif, détaché de la scène, avec en toute situation un sens esthétique viscéral. Il développe ce que les assistantes sociales appellent une « distance thérapeutique » qui exalte ses capacités tant professionnelles qu'artistiques. Et, la plupart du temps, cela fonctionne.

Il était impensable, ici, de garder une distance avec les sujets photographiés. Par chance pour moi, et pour mon travail, je l'espère, mes *sujets* devinrent mes amis. Comment rester un tant soit peu en retrait d'un ami mourant si l'on veut s'ouvrir à lui et partager son expérience ?

Dans ce travail, affronter l'inconnu fut un défi majeur. Impossible de deviner à quelle seconde exactement allait se produire un événement intense ou dramatique. Je voulais être là, au bon endroit, avec la bonne focale, pour saisir ce que Robert Frank appelle « l'humanité du moment ».

Ici, pas question de mise en scène. Je choisis d'investir le temps, de rester disponible, de participer à ce qui arrivait, de savoir, de comprendre, de me laisser guider par mon instinct, et de me fier à mon sens du contact humain.

Grâce à la technique actuelle, un photographe peut exercer son art dans d'excellentes conditions : en lumière ambiante, sans flash ni éclairage spécial, autorisant ainsi un appareil photo des moins intrusifs. Toutes les photographies ont été prises avec un boîtier reflex et un objectif de 35 mm.

Avoir disposé de films rapides et d'objectifs lumineux a considérablement accru ma capacité d'adaptation à un environnement en perpétuel changement.

Aucune photographie n'a été posée. J'ai demandé à mes amis la permission d'être là avec mon appareil, de me faire le témoin des petits faits, des incidents de tous les jours, le témoin des moments exceptionnels.

Ces personnes ont pris une grande importance dans ma vie. Elles ont été mes maîtres. Elles m'ont appris à regarder en moi ce que je cherchais à éviter. Ce fut douloureux, quoique étrangement rassurant. Au fur et à mesure que j'acceptais de me confronter à l'idée de ma propre mort, j'embrassais plus pleinement la vie. Je me sentais plus léger, en accord avec moi-même.

J'éprouverai toujours une vive reconnaissance pour ces amis qui nous ont accueillis dans leur vie.

Merci à Beth, à Louise, à Linda et à Jamie, à Jack, à tous les malades en phase terminale, d'avoir partagé leur bien le plus précieux : le peu de temps qui leur restait à vivre.

J'ai cherché à fixer sur la pellicule les différentes étapes qui mènent à la mort, les images de la lutte intime jusqu'à l'acceptation de l'inéluctable.

Lisez, regardez ce qui suit. Que cela vous familiarise avec la conscience de votre mort. Je vous le souhaite, pour qu'alors, comme moi, vous puissiez vivre plus libres.

Mal WARSHAW

Introduction

Nous nous sommes rencontrés, Mal Warshaw et moi, par l'intermédiaire d'un ami commun qui connaissait mon travail auprès des mourants et la quête de Mal pour mieux comprendre le mystère de la mort. Lors d'une première rencontre, Mal me fit part de ses recherches ; puis je l'invitai à la maison ; là, au-delà du photographe, je découvris l'homme ; un homme déterminé à s'engager dans un domaine qu'en général on cherche à éviter.

Comme beaucoup d'entre nous, Mal n'était pas en paix avec la question de la mort. Mais lui, acceptait de regarder en face la peur, la culpabilité, les tâches inachevées[1]. Il s'interrogeait sur la

1. Clef de voûte de l'enseignement d'Elisabeth Kübler-Ross, l'expression « *unfinished business* » est intraduisible en français dans toute l'acception du terme ; elle désigne l'ensemble de ce

mort et les mourants, sur la vie, sur le fait même de vivre et sur la sollicitude que nous apportons à ceux qui doivent affronter leur propre finitude.

Mal me montra une série de clichés d'une *grande dame* qui avait courageusement lutté contre le cancer avant d'y succomber. Photographiant Beth, son amie, avec ses dons et son talent, son tempérament de chercheur et son regard qui voit ce que la plupart des gens ignorent, Mal avait saisi les aspects de la vie et de la mort d'une femme. En regardant ces documents, nous avons évoqué tout ce que les mourants nous enseignent : une sagesse grandissante, la profondeur de la communication qu'ils établissent avec nous au cours de leur maladie. Enseignement qu'ils transmettent aussi par les expressions du visage et le fait même de se laisser photographier. Nous espérons que ces images sauront retenir l'attention, prouvant ainsi

---

qui nous reste à accomplir : les tâches en souffrance, laissées en suspens, les transactions non réglées, les deuils non résolus, les histoires inachevées, qui ne se sont pas déroulées selon notre attente, l'inaccompli – les paroles que nous n'avons pas dites, les gestes que nous n'avons pas faits, remords, regrets, querelles... Les blessures cachées non cicatrisées, infectées parfois, les problèmes à résoudre, les ardoises à régler, les nœuds à dénouer, les liens à délier, ce que nous n'avons pas pu accepter.
Tout ce qui demeure inachevé, non résolu, au plus profond.
Cette expression sera délibérément traduite de manière différente, au gré du contexte, ou citée en anglais. (N.d.T.)

à ceux qui en doutent que la mort fait partie intégrante de la vie.

Langage symbolique inoubliable, ces photographies racontent la lutte, la douleur, la solitude : être comme une pierre brute passée au tambour abrasif et devenir joyau. Confrontés à une maladie dont l'issue est fatale, dévastatrice, ceux qui ont le courage de l'accepter, de lui dire oui, sortiront de la lutte épurés, comme une pierre précieuse sort de la taille. Cela se lit sur ces visages, magnifiquement fixés sur la pellicule de Mal Warshaw.

Ce livre a pour but de montrer ce qui peut arriver, ce qui va arriver à des êtres humains, jeunes ou vieux, enfants ou adultes, lorsque s'amorce en eux le processus de destruction consécutif à une tumeur maligne ; ils en sortiront, comme le papillon émerge du cocon, avec une sensation de paix et de liberté, qu'ils communiqueront à ceux qui partagent leurs derniers moments et ont le courage de leur dire adieu, en sachant que tout *au revoir* annonce un *bonjour*.

Chaque personne choisie a réagi de manière différente à sa maladie. Chacun a dû triompher de luttes intérieures. Chacun a su se ménager un mode de soutien approprié, quoique limité. Tous, sans exception, ont eu le courage de dire oui à leur maladie, d'arriver jusqu'au bout en s'affranchissant de la peur, de la culpabilité et des tâches laissées en suspens.

La peur et la culpabilité sont les seules ennemies de l'homme. Si nous avons le courage de les affronter, d'affronter nos situations inachevées, nous en sortirons avec un respect, un amour de nous-mêmes plus grands, avec davantage de courage pour faire face, quelle que soit la tempête qui s'annonce.

Comme l'un de mes maîtres l'a si joliment exprimé :

« Si les canyons étaient restés à l'abri des ouragans, nous n'aurions jamais vu la beauté de leurs sculptures. »

Le travail de notre vie fut d'aider les personnes malades à voir la maladie non comme une force négative, destructrice, mais comme l'une des tempêtes de la vie apte à favoriser leur croissance intérieure, à leur permettre d'émerger, aussi magnifiques que les canyons battus depuis des siècles par les vents.

Que cette aventure conjointe du texte et de l'image parle d'elle-même, sans qu'il soit besoin de trop de mots pour décrire ce qui arrive.

Le hasard a déterminé notre choix : les malades présents dans cet ouvrage se sont, les premiers, portés volontaires pour y participer, comme un cadeau offert à leur famille ainsi qu'aux milliers d'inconnus qui vont regarder ces photos, lire ces mots et y contempler leur propre finitude, en se demandant si eux aussi sauraient affronter la maladie avec le même courage, la même paix, la même sérénité.

Dans leurs luttes, notre rôle s'est borné à servir de catalyseur, à passer du temps ensemble, à partager une larme, un espoir, peut-être, et, par-dessus tout, à prêter une oreille attentive. Chacun à sa manière, de façon intime, a mis en scène sa propre mort. Chacun était convaincu de sa destinée ultime et a fait ses propres arrangements, dans son style et selon son caractère. Chacun a choisi de vivre jusqu'au bout de la manière la plus signifiante pour lui, y compris la petite Jamie, qui souhaitait « rentrer à la maison » – avec sa mère, ses jouets, son frère et son chien adoré. Elle aussi savait que la mort était proche ; elle est restée en paix tant qu'elle a pu garder les yeux ouverts et voir sa mère bien-aimée. Quoique très bien soignée, et particulièrement bien entourée à l'hôpital, la fillette avait compris que, pour finir ses jours, rien ne vaudrait sa maison.

Si jeune fût-elle, elle avait fait un dessin magnifique, reflet symbolique de sa mort imminente. Ce dessin se révéla source de paix pour sa mère, qui puisa dans le message de sa petite fille la force de la laisser partir. De même, l'enfant avait été capable de lâcher prise et de symboliser sa propre mort par un petit ballon joyeux s'élevant dans le ciel.

Que cette aventure conjointe nous conduise à réfléchir sur la vie, sur la façon d'occuper nos jours et nos nuits. Que cela aide chacun à apprécier sa façon de vivre et de mourir instant par instant. A comprendre que chaque *au revoir* annonce un *bonjour*. Que cela incite chacun à partager les pensées et les rêves les plus profonds de ceux qui nous ont précédés dans la mort. Ils montrent le chemin : que ce chemin devienne vôtre, si vous le décidez !

Les êtres humains ont un immense avantage sur toutes les autres créatures vivantes : ils peuvent faire des choix. Nous ne sommes pas des grains de poussière impuissants emportés par le vent, balayés au hasard de notre destinée. Chacun d'entre nous est un flocon de neige magnifique créé par Dieu. Il n'est pas deux flocons de neige identiques dans tout l'univers ; comme il n'existe pas deux personnes semblables au monde – pas même de vrais jumeaux. Chacun d'entre nous est né pour une tâche et dans un but spécifiques ; chacun d'entre nous mourra lorsqu'il aura accompli ce qu'il a à accomplir. L'entre-deux dépend de notre détermination à tirer le meilleur de chaque jour, de chaque instant, en chaque occasion. C'est notre choix, toujours. Si nous avons un cancer, nous pouvons enfouir notre tête dans le sable et tenter de l'oublier. Nous pouvons nous apitoyer sur nous-mêmes, nous laisser aller à la colère, laisser l'angoisse nous envahir jusqu'à ce qu'il soit trop tard. Nous pouvons aussi demander de l'aide, la meilleure possible, ici ou à l'étranger. Nous pouvons garder le secret, ou choisir de nous battre avec ceux que nous aimons ; nous offrir ainsi une chance de grandir, et offrir la même chance à ceux qui nous accompagnent dans la tourmente. Aimer, c'est se donner ; le don n'a de sens que si le bénéfice est partagé.

Atteint d'une maladie fatale, on peut abandonner, réclamer de l'attention, hurler ; on peut devenir totalement invalide bien avant l'heure. On peut reporter sa colère et sa révolte sur les autres et rendre leur vie insupportable. Nous pouvons aussi faire le choix d'accomplir notre travail, d'agir tant qu'il nous en reste la force, et de toucher bien des vies par une lutte vaillante. Par là même, notre existence prend alors tout son sens.

Des milliers de mourants, enfants et adultes, que j'ai accompagnés, seuls ceux qui ont accepté de s'ouvrir aux autres ont laissé leur empreinte. Nous recevons à la mesure de ce que nous donnons : c'est la leçon la plus juste et la plus vraie, au sens littéral du terme, que j'ai apprise au cours de toutes ces années. Ceux qui n'ont pu exprimer leurs peurs, leurs frustrations, leur culpabilité et leurs situations inachevées, en restent la proie. Ceux qui ont eu le courage de crier et d'exprimer leur rage, d'interroger Dieu au besoin, de partager leur souffrance et leur angoisse, sont ceux qui ont touché notre être profond. Et leurs visages paisibles, rayonnants lorsqu'ils nous ont quittés, ont impressionné quiconque pénétrait dans leur chambre aux derniers jours de leur existence terrestre. Ceux qui ont vu Louise lutter à sa manière pour vivre jusqu'à la mort ne seront plus jamais les mêmes. Ils ont tous été touchés par son exemple et s'en souviendront lorsque approcheront leurs derniers instants.

Les malades que vous allez rencontrer dans ce livre sont devenus des amis avec qui nous avons partagé plus que du temps. Si un être humain vient à aider son semblable en difficulté, le bénéfice est toujours réciproque. Quoi que nous ayons pu leur donner, par l'écoute, l'échange, eux aussi ont enrichi nos vies, et nous éprouvons une gratitude infinie pour ces instants privilégiés, une gratitude infinie envers les amis si précieux qui ont permis ce livre.

Ces malades et leur familles, qui nous ont laissés suivre leurs sentiers ultimes, ont choisi de le faire comme un cadeau, pour vous, qui prenez le temps de regarder ces photographies, non seulement avec les yeux, mais aussi avec le cœur et l'âme. Merci aux malades qui nous ont autorisés à entrer dans l'intimité de leur maison, à partager leurs repas, leurs pensées, leurs espoirs. Merci à eux de leur choix. Merci à eux de croire qu'ils pourront toucher vos vies comme ils ont touché la nôtre.

Elisabeth KÜBLER-ROSS

VIVRE JUSQU'AUX ADIEUX

Le travail accompli ces vingt dernières années prend ses sources bien avant le début de ma carrière universitaire aux États-Unis. Tout a commencé en Pologne – lorsque j'ai eu le privilège de participer à une mission d'aide humanitaire dans une Europe à peine sortie de la guerre : au camp de Maïdanek, où des centaines de milliers de gens furent tués. J'y ai découvert les chambres à gaz et des wagons entiers de petites chaussures d'enfants assassinés. Il y avait là, sur les murs, à l'intérieur des baraquements, des graffitis et des dessins griffonnés par les enfants. Ils y avaient souvent ajouté des messages pour leur papa et leur maman. On y voyait aussi des papillons, symboles dessinés à la craie, avec un caillou, ou même parfois gravés avec l'ongle. C'est là que j'ai commencé à me demander ce que nous faisions à nos semblables, et comment il était possible qu'une même génération ait pu donner naissance à Hitler, un homme qui s'était acharné à détruire le monde, et à Mère Teresa, qui a donné sa vie pour ceux qui meurent dans la rue, en Inde. La question qui hantait mon esprit était celle-ci : comment un être humain peut-il contribuer à éduquer la génération suivante de façon qu'il n'y ait plus aucun Hitler ? Comment l'éduquer avec davantage d'amour véritable et moins de force destructrice ? Dans ces camps, j'ai vu la mort sous ses aspects les plus atroces, mais aussi la vie et le désir de survie sous leurs aspects les plus touchants.

C'est alors que je rencontrai une jeune fille juive qui y avait perdu toute sa famille – ses parents, grands-parents, frères et sœurs. L'un derrière l'autre, ils étaient tous entrés dans la chambre à gaz et s'étaient retrouvés enfouis sous un énorme tas de cadavres. Cette jeune fille avait été miraculeusement épargnée. Et, sans amertume ni désir de vengeance, elle aidait les autres à affronter leurs peurs, leurs penchants destructeurs, à devenir des êtres humains aimants et attentionnés.

A l'époque, je m'étais demandé où cette jeune fille puisait un tel courage, et ce qu'elle faisait de son désir de vengeance, de son amertume, de sa colère, de son sentiment d'injustice. J'ai vécu et travaillé avec elle en mission, dans les équipes de premier secours, dans les cuisines d'urgence ;

il m'a fallu toute cette expérience avant de réaliser que, s'il existe en chacun de nous un Hitler potentiel, il s'y trouve aussi une Mère Teresa en puissance.

J'ai passé les années suivantes à chercher une réponse à cette question : comment éveiller ce potentiel en nous et chez ceux qui nous entourent ? Les gens qui, dans le tourbillon de la vie, sont pris par des carrières trépidantes, des études, qui fondent une famille ou gagnent de l'argent en se préoccupant du futur, ne sont guère enclins à se poser des questions philosophiques. Les réponses ne me sont pas venues d'eux, mais de schizophrènes chroniques, désespérés, avec qui j'ai eu à travailler. J'ai aussi reçu des réponses de parents d'enfants polyhandicapés et handicapés mentaux. De parents d'enfants sauvagement assassinés. De ces mères et ces pères assis pendant des heures dans les hôpitaux ou à l'extérieur de chambres stériles où la vie de leur enfant était suspendue à un fil, qui espéraient une rémission.

Les réponses me sont venues de ceux qui se savaient atteints d'un mal incurable, à qui il restait peu de temps à vivre : souvent pour la première fois, ils arrachaient à leur emploi du temps surchargé le temps d'examiner leur vie. Ils s'interrogeaient sur ce qu'ils en avaient fait et sur ce qu'ils allaient faire du temps qui leur restait. Ces personnes ont le courage de se regarder plus objectivement, au travers de lunettes aux verres moins teintés, et de laisser tomber ce qui n'est pas essentiel, de ne plus *se prendre la tête* pour des broutilles. Ils découvrent les réalités profondes auxquelles on ne se confronte généralement qu'en pleine crise ; ils osent regarder les choses en face, ce qui est douloureux, mais révélateur.

Ce travail m'a conduite à enseigner à des étudiants en médecine, des travailleurs sociaux, des aumôniers d'hopitaux, des infirmières ; j'avais remarqué qu'ils éprouvaient souvent le besoin désespéré de nier la présence de malades en phase terminale dans leur service. Je m'adressais alors au hasard à l'un de ces malades et lui demandais, à l'improviste, de venir nous faire part de ce qu'il ressentait. Cet échange avait lieu dans la pièce réservée aux entretiens, derrière une glace sans tain ; les étudiants pouvaient nous voir et nous entendre, mais nous pas. Les malades avaient été prévenus de la présence des étudiants, mais cela restait un entretien privé. Ils étaient désireux de nous confier tout ce dont ils étaient conscients, leur cheminement intérieur, leur sagesse. C'est avec ces malades qu'est né, à l'université de Chicago, le séminaire « Death and Dying[1] », aujourd'hui bien connu.

---

1. J'ai décrit ce travail et ses résultats en détail dans « On Death and Dying », publié chez Macmillan, New York, en 1968. (N.d.A.) Ouvrage publié en français sous le titre *Vivre avec la mort et les*

A l'évidence, l'équipe soignante de cette structure institutionnelle dépendait encore trop de la *dame de la mort et des mourants*[2] pour avoir le courage de poursuivre ce travail de sa propre initiative, à moins que je ne m'en aille.

Il aurait été plus facile de diriger un malade en phase terminale vers un autre spécialiste, le thanatologue. Ce n'était pas le but de mon travail. Mes séminaires avaient pour vocation d'apprendre aux étudiants, futurs professionnels de la santé, professionnels de la relation d'aide, à regarder bien en face leurs propres peurs, leurs situations inachevées, les chagrins refoulés qu'inconsciemment il leur arrivait de projeter sur les malades.

Les médecins qui ont eux-mêmes peur de la mort et des mourants ne diront jamais la vérité au malade; ils rationaliseront en disant que les malades n'ont pas envie d'en parler. Ces praticiens sont incapables de voir qu'ils projettent leurs peurs, leur angoisse cachée. Les malades le sentent et, du coup, ne confient rien de ce qu'ils savent, eux, à leur médecin. Cette situation a laissé beaucoup de mourants seuls, abandonnés à eux-mêmes.

---

mourants, éditions du Tricorne, Genève, 1984 ; rééd. Le Rocher, 1997. Ce séminaire, pilier de l'enseignement d'Elisabeth Kübler-Ross, s'est par la suite appelé : « Life, Death and Transition », *Vie, mort, passage.* (N.d.T.)

2. Surnom donné spontanément à Elisabeth Kübler-Ross. (N.d.T.)

Une assistante sociale l'a exprimé de façon limpide dans le livre du docteur George Wahl : « Je savais qu'il voulait me parler, mais je détournais toujours la conversation par une plaisanterie ou un mot vaguement rassurant qui sonnait faux. Le malade *savait* et moi aussi, mais voyant mes tentatives désespérées pour fuir, il a eu pitié de moi et a gardé pour lui ce qu'il voulait partager avec un autre être humain. Il est mort sans faire d'histoires. »

J'espérais que davantage de travailleurs sociaux, de membres du clergé, d'étudiants en médecine, d'infirmières auraient le courage d'examiner leur attitude lorsqu'ils sont confrontés aux malades, à la phase terminale de la maladie, leur attitude face à la souffrance et aux deuils non résolus de leur propre vie. J'espérais qu'ils auraient le courage d'exprimer ces peurs, ces chagrins, ces angoisses : ainsi se libéreraient-ils de leur pulsions négatives en ouvrant leur cœur aux besoins d'échange des mourants, et à leurs propres besoins.

Après avoir quitté l'université de Chicago, j'ai continué à enseigner, d'abord aux États-Unis et au Canada, plus tard en Europe, en Australie et sur d'autres continents. Il était évident que cela correspondait à un énorme besoin, qui ne pouvait être que partiellement satisfait par les centaines de milliers de kilomètres que je parcourais chaque année et par le fait que je parlais du calvaire des mourants à quelque quinze mille personnes par semaine.

Dans ma maison, transformée souvent en un véritable hall de gare, débarquaient des parents d'enfants disparus, assassinés, mourants, ou qui s'étaient suicidés. Des malades en phase terminale qui venaient d'apprendre le diagnostic, et dont les familles n'acceptaient pas d'en parler, trouvaient mon numéro de téléphone et mon adresse ; ils m'appelaient ou m'écrivaient pour me confier leurs pensées, leurs peurs ; ils me rendaient visite à la maison. Plus tard, lorsqu'ils ne pouvaient plus se déplacer, l'échange se poursuivait lors de mes visites à domicile.

Beaucoup de ces malades avaient été correctement soignés dans les hôpitaux jusqu'à ce que les traitements médicaux se révèlent impuissants. Ils étaient alors dirigés vers une maison de retraite médicalisée[3] ou renvoyés chez eux sans que leur famille y soit préparée et sans médecin

---

3. «*Nursing home*» : Ce terme recouvre des réalités différentes selon les pays et les époques. Dans les années 70 aux États-Unis, il désigne une maison communautaire pour personnes en fin de vie, tenue par des infirmières libérales dispensant les soins prescrits par le médecin de ville qui vient y faire ses visites. Établissement plus ou moins médicalisé selon les cas. La qualité des soins dépend de la direction et de l'organisation de chaque structure. Souvent privées, ces maisons de retraite peuvent être aussi publiques. (N.d.T.)

référent valable. C'est lorsque tous les traitements médicaux avaient été tentés que je devenais leur médecin. Et je veux dire *médecin* au sens originel du terme : une personne qui est là pour soulager la douleur ; sachant qu'il ne s'agit plus de donner un traitement médical dans un espoir de guérison, ou pour chercher à prolonger la vie.

La qualité de la vie importe davantage aux malades que sa durée.

C'est l'avis de ces patients qui désirent arrêter tout traitement et rentrer chez eux pour mettre leur maison en ordre – symboliquement et littéralement parlant – et passer les dernières semaines, les derniers mois, voire les derniers jours, avec leurs proches.

Nous avons vite compris que les malades savent non seulement qu'ils vont mourir mais aussi *quand* ils vont mourir. Ils l'expriment en langage symbolique, verbal ou non verbal : les dessins des enfants révèlent qu'ils connaissent leur maladie, leur mort imminente et, bien souvent, le moment de leur mort.

C'est pour les parents que nous avons commencé à interpréter les dessins des enfants mourants, de façon qu'ils puissent aussi comprendre ce mode d'expression et y répondre de façon adéquate et non par le déni. Nous leur avons appris comment faire des *derniers quartiers* d'un enfant ou d'un parent mourant une véritable *pièce à vivre*. Nous leur proposons d'utiliser pour lieu ultime le centre de la maison, de préférence à la chambre. La raison pour laquelle nous choisissons le salon est que, de là, on a accès à la cuisine, aux odeurs de la soupe ou du café qui chauffent, à la fenêtre qui donne peut-être sur le jardin, sur le printemps qui vient, sur les arbres en fleurs, sur le facteur qui s'approche, ou sur les enfants qui rentrent de l'école.

Les personnes malades ont le droit de VIVRE jusqu'à ce qu'elles meurent, au lieu d'être reléguées dans une pièce isolée. Sur la table de nuit, elles ont des fleurs cueillies par les enfants, plutôt qu'un monitoring et un appareil de transfusion. Pas de respirateurs dans ces *pièces à vivre*, si ce n'est, pour faciliter la respiration, une bouteille d'oxygène qu'un enfant peut utiliser, apportant ainsi sa contribution aux soins donnés à un frère ou à une sœur mourants ; il se sent alors capable de soulager un peu l'inconfort de celui ou de celle qu'il aime.

Notre étude montre que 75 % de la population meurt encore dans des institutions. La plupart de ces malades seraient plus heureux s'ils pouvaient rentrer chez eux pour mourir. Il suffit de si peu pour préparer la famille et apprendre aux malades comment être confortablement installés à la maison, sans crainte ni anxiété excessives !

Pour soulager la douleur physique des cancéreux, nous utilisons une version américaine du cocktail de Brompton[4]. Ce liquide analgésique qui contient de la morphine – et non de l'héroïne, illégale aux États-Unis – nous permet de donner des analgésiques par voie orale plutôt qu'en injection, si bien que les malades peuvent rentrer chez eux avec une bouteille d'antalgique qu'ils gardent sur leur table de nuit. Ainsi, ce sont eux qui gèrent leur douleur en *nous* disant de quelle dose de médicament ils ont besoin pour ne pas souffrir et rester alertes, éveillés et en pleine concience jusqu'au moment ultime de leur vie.

Le cocktail de Brompton nous a permis d'encourager les femmes âgées à ramener chez eux leurs maris mourants, sans crainte que leurs mains tremblantes ne puissent faire une piqûre à leur compagnon émacié, agonisant. Elles n'avaient

4. «*Brompton mixture*»: élaborée en Angleterre, cette potion, composée de morphine, d'héroïne et de sirop de sucre, était destinée, dans les années 60, à soulager les malades. La version américaine était dépourvue d'héroïne. Cette potion est également connue sous le nom de «potion de Saint-Christophe», du nom du St Christopher Hospice, unité phare londonienne de soins palliatifs. Étape importante, essentielle dans la lutte contre la douleur, cet analgésique présentait cependant deux inconvénients: le dosage en morphine était inégal et les bouteilles devaient être conservées au frais. Il n'est plus utilisé, remplacé aujourd'hui par la morphine en ampoules buvables ou la morphine retard. (N.d.T.)

plus à attendre l'infirmière avec impatience lorsque leur mari se mettait à souffrir atrocement.

Avec l'aide de G. Humma, pharmacien au Methodist Hospital d'Indianapolis, un petit livret sur le cocktail de Brompton fut mis au point et distribué à tout médecin désireux d'essayer ce cocktail merveilleusement efficace. Notre but était d'inciter le médecin traitant à renvoyer ses malades chez eux pour mourir, puisqu'ils n'avaient plus besoin de piqûre ni d'assistance médicale régulière. Tout au long de ces années, grâce au cocktail de Brompton, nos malades ont pu se sentir apaisés, vigilants, conscients, sans être victimes de surdosage ni d'accoutumance.

Ces dernières années, j'ai consacré ma carrière de médecin aux visites à domicile auprès des malades en fin de vie. Au fil des consultations données aux membres des familles de malades, chez moi, dans des chambres d'hôtel, des auditoriums ou dans de petites pièces jouxtant les églises où je donnais nombre de mes conférences, j'ai compris leur courage ; oui, j'ai appris le courage de milliers de familles prêtes à prendre le risque de faire sortir un mourant d'une institution, d'un hôpital ou d'une maison de retraite, pour lui permettre de mourir là où il se sent le mieux : chez lui, dans son univers familier, entouré des siens. En mourant là où il vit, ce n'est pas à lui seul qu'il rend service.

Il apprend ainsi à un enfant, à un compagnon, à un frère ou à une sœur que mourir n'est pas forcément un cauchemar, à moins qu'on ne se l'invente. Un enfant qui a vécu la mort d'un frère ou d'une sœur, d'un père ou d'une mère, d'un grand-père ou d'une grand-mère, sous son toit, qui l'a vu entouré de paix et d'amour, ne craindra plus la mort ; il ne la craindra plus pour lui-même. Ces enfants-là vont éveiller la conscience des générations à venir, devenir les *enseigneurs* de nos lendemains !

Ce livre va vous emmener dans quelques-uns de nos voyages, dans quelques visites auprès de malades mourants. Pour des raisons purement pratiques, nous n'avons choisi que des malades habitant aux États-Unis.

J'ai effectué nombre de visites à domicile en Australie, en Suisse, en Allemagne et au Canada. Nous sommes tous pareils : nous l'avons appris au fil des années ; notre gratitude est la même lorsque nous pouvons trouver ne serait-ce qu'un seul être humain capable, dans un emploi du temps chargé, de dégager une heure pour venir s'asseoir à notre chevet, nous aider à mourir avec dignité, ce qui signifie mourir comme on a vécu ; sans entrer dans le moule, sans que l'accompagnant ne vienne combler ses propres besoins, qu'il nous imposerait, sous prétexte d'être à notre service.

A sa façon, chaque malade exprime ses besoins, ses souhaits ; nous avons tenté de les satisfaire. Certains d'entre eux ont désespérément besoin de nier leur maladie. Cela ne représente qu'un petit pourcentage de la population : 1 % seulement. Le plus grand service que nous puissions leur rendre est d'accepter ce besoin, de leur permettre de vivre ce déni sans qu'ils s'en sentent coupables ni indignes, sans leur coller, consciemment ou non, l'étiquette de « manque de courage ». Tout au long de leur vie, ils ont pratiqué le déni ; pourquoi ne continueraient-ils pas à l'utiliser dans la phase ultime de leur vie ? Mourir avec dignité signifie, pour eux, rester dans le déni, ne jamais verser une larme en public. C'est leur choix, et nous respectons leur attitude ; ils restent fidèles à leurs attentes et à leurs besoins. Ce choix leur appartient.

D'autres luttent jusqu'au bout. Ce sont les guerriers et les rebelles ; souvent, ils font partie de la jeune génération. Ils enragent que leur vie ne fasse que commencer, et qu'elle s'achève avant qu'ils aient pu vivre un premier amour, connaître le mariage, l'arrivée d'un enfant, avant d'avoir accompli leurs ambitions professionnelles, avant d'avoir vraiment vécu. Il est très important d'éviter de prescrire des calmants à ces malades ; il est essentiel de leur permettre de vider, d'extérioriser leur rage, leur colère, de respecter leur envie d'essayer tous les traitements possibles, qu'ils soient médicaux ou alternatifs, afin qu'ils puissent se dire : « J'ai tout essayé », avec ou sans la bénédiction de la Food and Drug Administration[5]. Il ne nous appartient pas de conseiller à celui dont la vie est en jeu ce qu'il a le droit de tenter ou non.

D'autres malades marchandent avec Dieu jusqu'au bout. Même si les promesses qu'ils Lui font ne sont pratiquement jamais tenues. Une jeune mère qui demande à vivre assez longtemps pour voir ses enfants finir leurs études ajoutera vite une prière pour demander de rester en vie jusqu'à ce qu'ils se marient ; et, le jour du mariage, elle priera pour demander de vivre suffisamment longtemps pour devenir grand-mère. C'est l'attitude la plus humaine, la plus normale qui soit. On ne remet jamais en cause le bien-fondé de ces promesses, même si l'on sait que d'autres promesses viendront les remplacer par la suite. Rester toujours en contact avec les sentiments qui nous habitent, et conscients de nos projections, est essentiel si c'est le malade que nous voulons aider et servir plutôt qu'assouvir nos besoins personnels.

5. Les autorités sanitaires américaines : d'une étendue plus vaste que notre Agence du médicament, structure gouvernementale qui contrôle et délivre l'autorisation de mise sur le marché des médicaments, des denrées alimentaires, du matériel médical et paramédical. (N.d.T.)

Quiconque a vu un malade non pas résigné, mais paisible, n'est pas près de l'oublier. Il saura faire la différence entre un vieil homme désespéré qui veut mourir parce que la vie qu'il mène est si restreinte que cela ne vaut pas la peine de continuer, et un vieil homme qui a trouvé la paix dans l'acceptation parce qu'il a pu, face à sa vie passée, se dire : « J'ai vraiment vécu. »

Rejoignons les malades de Cleveland, New York et partout où notre voyage nous emmène. Écoutons-les nous parler de leur vie, de leurs luttes et de la manière dont chacun d'entre eux a réussi à trouver la paix.

Beth

Beth, la première de nos amis à figurer dans le livre, est une femme tout à fait remarquable. Très belle, physiquement comme au plan de sa sensibilité profonde. Lorsque nous l'avons rencontrée, elle avait quarante-deux ans et était atteinte d'un cancer généralisé depuis deux ans. Les photos prises quelques années plus tôt dévoilaient une femme superbe ; elle avait été mannequin à New York.

Son apparence était irréprochable ; le cancer était donc une intrusion dévastatrice, parce qu'il menait à la mort, et parce qu'il entraînait des ravages sur le physique d'une femme jeune et jolie pour qui la beauté était de la plus haute importance.

Beth n'avait pas d'enfant, mais avait su s'entourer d'amis. Elle s'était fait soigner dans les meilleurs centres médicaux. Elle avait même fini par se faire opérer en Europe ; et elle était retournée à New York dans l'espoir qu'il lui restait encore un peu de temps à vivre.

Toni, sa meilleure amie, sa confidente, était son principal soutien. C'est sa voisine, Lucy Kroll, une autre amie, qui nous fit connaître Beth ; notre relation fut trop brève, mais profondément émouvante.

Elle s'était aménagé un espace à elle et avait pris en charge son traitement ; ainsi resta-t-elle dans sa maison le plus longtemps possible sans l'aide d'une infirmière. Pendant les trois mois où nous l'avons connue, elle ne s'alimentait déjà plus normalement et prenait des substituts de repas. Finalement, elle se fit admettre à l'hôpital quinze jours avant sa mort.

Beth était aussi poète et philosophe ; elle passait des heures au pied d'un monument situé tout près de son appartement, le monument de Riverside Drive, dédié aux soldats et aux marins.

Un endroit entouré de verdure, un lieu pour penser, réfléchir, méditer ; un lieu propice pour se remémorer les passages et les risques de la vie. Le lieu de rencontre des jeunes amoureux et des personnes âgées. Ce n'était pas un hasard si Beth avait choisi, comme lieu de dispersion de ses cendres après la crémation, cet endroit qui avait tant compté pour elle.

L'exemple de Beth nous montre que, lorsqu'un être humain a le courage d'affronter sa propre fin et de se colleter avec l'angoisse la plus profonde, le questionnement, la tourmente, la souffrance, émerge en lui un être nouveau. Un être qui s'adresse alors à Dieu, à La Source, qu'importe son nom ! Un être pour qui commence une existence nouvelle. Cela, nous l'avons remarqué des milliers de fois. Souvent, la personne malade devient poète ; sa créativité jaillit au-delà de toute attente, bien au-delà de ce à quoi son éducation l'avait préparée.

Ce processus était évident chez Beth. Certaines de ses pensées prouvent le genre de personne qu'elle était devenue :

> *C'est si bon d'aller dehors, de marcher en plein soleil ! C'est bon de se sentir vivante, consciente, simplement.*

> *J'ai rendez-vous chez le coiffeur et chez un spécialiste du cancer. Je sais que le coiffeur me fera du bien ; le spécialiste, lui, je n'en suis pas si sûre.*

> *Si la vie est un cadeau, pourquoi ne pas faire ce dont j'ai envie ?*

> *La mort, c'est comme entrer se reposer dans l'ombre d'une pièce fraîche, après être restée trop longtemps exposée au soleil brûlant.*

Pour elle, les mots ne suffisaient pas ; on ne peut partager que les émotions véritables.

C'est ce qu'elle exprimait lorsqu'elle écrivit :

> *Certains lisent ce que j'ai écrit et* pensent *me connaître. D'autres ressentent ce que j'écris ;* ceux-là *me connaissent.*

Si l'on voit surgir tant de créativité chez des personnes malades comme Beth, c'est qu'en chacun de nous se cachent de multiples dons, trop souvent enfouis, tant nous dépensons d'énergie et de négativité à résoudre les problèmes matériels. Osons affronter nos peurs ! Ayons le courage de laisser notre rébellion se transformer en non-conformisme positif ; ayons confiance en notre capacité à surmonter la peur, la honte, la culpabilité et la négativité ! Et nous en sortirons, âmes tellement plus libres et créatives !

Lorsque le ventre de Beth s'est mis à gonfler comme celui d'une femme enceinte, elle n'a pas déploré de n'avoir jamais eu d'enfant. Elle a choisi de porter une robe ample et colorée ; elle a relevé ses cheveux en un gros chignon ; elle a opté pour un maquillage un peu plus souligné qui rehaussait ses traits. Elle est restée belle jusqu'à son dernier jour, toujours irréprochable, contrairement à une croyance populaire qui veut que les personnes atteintes de cancer deviennent laides et sentent mauvais. Elle n'était pas trop fière d'admettre qu'elle avait du mal à renoncer à certains plaisirs, celui de fumer une cigarette, par exemple. Elle n'eut jamais besoin de prétendre être différente de qui elle était vraiment; elle n'a jamais caché ce qu'elle ressentait. A la fin de sa vie, elle n'a pas vécu la honte ou la culpabilité : elle ne s'est pas sentie obligée de jouer un rôle pour se conformer aux besoins d'un autre.

C'est par le rêve, par la nostalgie d'un amour rare que Beth révèle le mieux qui elle était vraiment.

> *Tu me prenais dans tes bras, me serrais fort contre toi, et tu disais : « Si c'est vrai qu'il te reste peu de temps à vivre, alors, vivons ensemble chaque heure et chaque seconde. Je t'aime et c'est avec toi que je veux vieillir ; mais si tu devais me quitter, je me souviendrais de toi comme de quelqu'un d'unique avec qui il m'a été donné de vivre un temps. »*
>
> *Il aurait pu en être ainsi.*
>
> *Quand vint pour moi le temps de sortir de l'hôpital et de rentrer à la maison, tu t'es montré si ardent que tu es arrivé au rendez-vous beaucoup trop tôt. Tu m'as attendue, les bras chargés de lilas. Tu m'as souri, de ce sourire si particulier qui n'appartient qu'à toi, et tu m'as dit : « Je suis venu te chercher pour te ramener à la maison, mon amour ; pour moi, la vie recommence aujourd'hui. »*

Il aurait pu en être ainsi.

Nous avions l'habitude de sortir ensemble le soir, mais j'étais si vite fatiguée... Alors, je préférais me réveiller tôt et profiter ainsi des longues et belles matinées d'été. Et tu disais : « Sortir sans toi à mes côtés me semble absurde. » Alors, nous restions au lit l'un contre l'autre, main dans la main, sans trop parler, ensemble, simplement.

Il aurait pu en être ainsi.

Je me souviens des grandes promenades que nous faisions ensemble, au petit matin. Une conscience nouvelle nous habitait tous deux. Nous nous régalions de l'odeur de l'herbe fraîchement coupée. Nous riions à l'idée que nous n'avions jamais vraiment écouté les oiseaux chanter. La laideur nous était inconnue, car objets inanimés ou êtres vivants, tous faisaient partie de la vie ; et quoi qu'il puisse arriver, nous avions compris que ce qui nous était donné était unique, que rien ni personne ne pourrait plus nous l'enlever.

Il aurait pu en être ainsi.

Au fur et à mesure que le cancer grandira en moi, je sais qu'il va me déformer, enlaidir mon corps, mais peu t'importera. Tu me diras : « Je t'aime comme tu es : tu resteras toujours belle à mes yeux. » Devant ton infaillible amour, je découvrirai alors combien j'ai été bête, et je me rendormirai, le sourire au lèvres.

Il aurait pu en être ainsi.

Lorsque nous marchions ensemble, désormais, mes jambes commençaient à faiblir ; j'étais sûre de ne jamais tomber puisque tu étais là pour me retenir. Quand je me réveillais en hurlant de douleur, la nuit, tu étais toujours là, et tu disais : « Tiens bon, mon amour, tiens bon encore un peu, rien qu'un peu. »

Il aurait pu en être ainsi.

Parfois, je te disais : « Et si tu sortais seul, ou avec un de tes amis ? » Et tu me répondais : « Mais c'est ridicule puisque tu es là et que je peux profiter de ta présence. J'ai peur que la vie ne me semble bien vide quand tu n'y seras plus ; alors je veux m'emplir de toi maintenant. Comme ça, tu vivras pour toujours en moi. »

Il aurait pu en être ainsi.

Un jour, j'ai même été assez folle pour te suggérer de trouver une autre femme. Tu t'es mis dans une telle colère que j'en ai été presque effrayée ; mais en secret, j'étais si heureuse que tu aies ajouté : « Tu es tout ce que je désire, tout ce dont j'ai besoin ; pas une seule femme, si jeune, si belle soit-elle, ne pourrait me donner ce qu'un seul baiser de tes lèvres peut m'offrir. »

Il aurait pu en être ainsi.

Et puis il y eut ce jour inoubliable où nous avons appris que j'avais une chance de m'en sortir. Je vis alors pour la première fois couler des larmes de tes yeux ! Et j'entendis ta voix chanter, lorsque tu me dis : « Au fond de moi, je savais qu'on ne pourrait t'arracher à moi, et cela me donnait du courage pour deux ; maintenant, ma force ne connaîtra plus de limites ; nous livrerons cette bataille ensemble, ma toute précieuse, et nous vaincrons. Un jour, nous regarderons de loin ces jours de cauchemar, tes cheveux devenus gris et les miens probablement tous tombés, avec entre nous cet amour plus ardent et passionné que jamais ; et nous aurons pris la mesure de ces jours de peine et de souffrance ; et nous serons encore ensemble. »

Il aurait pu en être ainsi.

Peu importe de connaître l'amour que Beth a réellement reçu dans sa vie. Peu nombreux sont ceux qui comprennent la véritable essence de l'amour. L'amour sans condition, l'amour sans attache, l'amour sans attente. C'est cet amour-là dont rêvent Beth et ceux ou celles qui lui ressemblent.

Trop peu de malades font l'expérience de cette sorte d'amour durant leur vie ; c'est, pour nous tous, la leçon la plus difficile et la plus importante à apprendre.

Une femme comme Beth nous a donné un aperçu de ce à quoi pourrait ressembler le don d'amour.

Beth croyait en l'existence d'une vie après la mort. Non, elle n'y croyait pas : elle en *connaissait* l'existence. Elle parlait de ses expériences hors du corps physique et disait que la mort serait le voyage dont elle ne reviendrait pas.

A l'approche de la mort, elle s'est mise à converser avec son père. Peu avant de mourir, elle lui écrivit ce petit mot :

Dis, Papa,
Tu es mort depuis longtemps.
Imagine
Que j'en sache un peu plus,
Hein ?
Combien de temps encore me feras-tu attendre ?

La dernière page de son cahier de poèmes se termine par ces mots :

Que faire de ce qui me reste de vie ?
VIVRE PLEINEMENT !!!

Oui, Beth, tu l'as pleinement vécue, cette vie, et tu es un exemple pour beaucoup d'entre nous. Merci d'avoir été toi-même ; ton existence a été une bénédiction ; nous n'oublierons pas les derniers mots que tu as écrits de ta main pour nous dire au revoir :

Des voix murmurent : Beth, Beth,
Tu ne peux rester plus longtemps.
Des mains se tendent vers moi
Pour m'aider à traverser.
Le chagrin ne me blessera plus,
Je ne sentirai plus la douleur.
Alors, adieu donc, et prenez soin de vous,
Je ne vous reverrai plus.

*

Voici quelques poèmes extraits du journal que Beth a tenu les derniers mois de sa maladie.

D'étranges visiteurs
Venaient me rejoindre
La nuit
Ils ne viennent plus
Ils me manquent.

*

L'AMOUR
Un rire couleur de miel
Rire couleur d'ambre
Danse écarlate
Sur fond de neige fraîchement tombée.

*

Ça donne
D'étranges
Choses
Comme
Mourir

*

Si je pouvais me souvenir
De ce que j'ai oublié
Et oublier ce dont je me souviens
A quelques exceptions près, bien sûr,
Ce serait mieux pour moi, je crois
Mais je ne sais
Que retenir...
Oublier... quoi ?

*

L'humiliation repose entre les mains
D'un bien-aimé
D'un faux ami
Mieux vaut garder
La fierté
D'être seule.

Une fin comme un défi.

*

J'ai tant de fois
Souhaité mourir !
Puis je suis morte
Un temps.
Il m'arrive encore parfois
De vouloir mourir.
Cette fois-là,
Je le sais
Ce sera
Pour toujours.

*

Je sens une tristesse
Grandir en moi.
Je n'en veux pas
Mais c'est ainsi.
Des larmes amères
Me submergent.
La douleur est moins vive qu'hier
Le chagrin prend
Toute la place
Comment le remplacer

Demain ?

Jamie

Jamie habitait un faubourg de New York. Elle était la seule fille de la famille ; son frère aîné avait deux ans et demi de plus qu'elle. Ses parents venaient de se séparer ; elle n'avait pas cinq ans. C'était avant la découverte des premiers symptômes d'une tumeur cérébrale maligne, de celles qui ne laissent que peu d'espoir de guérison. En plein divorce, Linda, sa mère, vivait alors seule avec ses deux enfants ; elle avait conscience de l'horreur de la situation, mais refusait de croire qu'elle allait vraiment perdre sa seule et unique petite fille. Il lui était difficile d'admettre qu'elle devait maintenant emmener à New York, pour une chimiothérapie et une radiothérapie, sa petite fille de cinq ans, le rayon de soleil de sa vie.

Rusty, le frère de Jamie, était lui aussi confronté à des difficultés : lorsqu'il rentrait de l'école, il se retrouvait dans une maison sans père, en compagnie d'une petite sœur malade et d'une mère terrassée par le chagrin. Jamie avait perdu ses beaux cheveux longs ; si bien que, chaque fois que Rusty voulait jouer avec elle, cela lui rappelait qu'elle était malade, qu'il devait faire attention, la traiter gentiment. Il s'est mis à réagir contre toutes ces contraintes, face à toutes ces pertes. Il lui devenait impossible de gérer toutes les tragédies qui avaient soudain envahi son foyer, jadis si chaleureux.

Jamie ne semblait guère consciente de la tourmente qu'elle provoquait. Comme les années précédentes, elle fêta son dernier anniversaire avec ses petits voisins et ses amis, qui la gâtèrent et la comblèrent de cadeaux. Sa maman avait confectionné des chapeaux d'anniversaire personnalisés. Bien qu'elle n'eût pas encore vraiment appris à lire ni à écrire, Jamie put reconnaître chaque prénom et repérer ainsi la place de chacun des enfants à table. Linda l'avait installée sur un siège surélevé ; elle portait une couronne de reine et déballait fièrement ses cadeaux. Aucun des enfants n'avait conscience que c'était là son dernier anniversaire et que les cadeaux reçus ne lui feraient pas longtemps plaisir.

Ce jour-là, sa mère était la seule personne présente à être consciente de la catastrophe imminente, la seule à tenter de faire de ce jour un jour exceptionnel. Elle avait habillé sa fille de sa robe préférée, une robe à carreaux. Linda la considérait comme la *reine d'un jour*, car elle savait que ce serait peut-être le dernier jour où Jamie aurait la force de rester assise, avec des gestes encore suffisamment coordonnés pour ouvrir les paquets et profiter de ses cadeaux.

Les semaines qui suivirent la fête, il y eut des moments calmes ; son frère était à l'école ; Linda prenait Jamie et la serrait dans ses bras. Elle l'observait et découvrait, pour la première fois peut-être, la délicatesse de ses oreilles, son grand front chauve, la douceur de son petit nez retroussé, la tendresse de ses lèvres lorsque Jamie déposait un baiser sur ses joues. Au fur et à mesure de la progression de la maladie, leur relation s'intensifiait ; Jamie avait de plus en plus besoin de la présence de sa mère, de plus en plus besoin de la toucher, de s'accrocher à elle. Il était difficile pour Linda de ne pas se mettre en colère contre Dieu qui permettait que de telles tragédies frappent une famille. Elle ne pouvait concevoir qu'un jour elle se retrouverait seule dans cette grande maison entourée d'arbres et de fleurs ; qu'elle n'y entendrait plus le rire de Jamie ; qu'elle ne verrait plus son chien adoré frétiller pour accueillir sa fille lorsqu'elle entrait en enlevant ses chaussures mouillées ou s'en venait grignoter à la cuisine.

Il y eut bientôt de moins en moins de jours normaux à la maison et de plus en plus de jours passés chez le docteur. Il était insupportable à Linda d'emmener sa petite Jamie à l'hôpital pour y subir des examens. De la voir attachée sur un fauteuil. Qu'on lui demande de suivre un miroir des yeux alors qu'elle ne le pouvait plus. Difficile de voir des aiguilles enfoncées dans ses tout petits bras, de voir des larmes jaillir, de soutenir le regard tendu vers elle, plein de l'espoir que sa maman la ramènerait à la maison, loin de toutes ces misères.

La fillette avait eu la chance d'être admise à l'Hôpital pour enfants de New York, où le personnel était spécialement formé pour accueillir les enfants dans son cas. Leur ouverture, leur attitude, leur façon de prodiguer des soins furent d'un grand secours pour Linda. Cela n'empêchait pas le chagrin qu'elle éprouvait de laisser Jamie derrière les barreaux d'un lit d'hôpital, sous perfusion. Malgré tous les jouets, toutes les peluches que sa mère avait disposés dans son lit, Jamie voulait retrouver sa maison, elle voulait aller à l'école, jouer avec les petits voisins venus à son anniversaire.

A l'Hôpital pour enfants de New York, l'accueil et les soins sont particulièrement attentionnés, ce qui reste exceptionnel. Linda avait l'autorisation de rester auprès de son enfant ; elle pouvait même partager le lit de Jamie si celle-ci en éprouvait le besoin. Hélas ! aucun de ces aménagements ne suffisait à adoucir la douleur et l'angoisse d'une mère qui luttait désespérément sans pouvoir admettre que sa petite fille allait bientôt mourir.

Lorsqu'il fallut réhospitaliser Jamie pour de nouveaux examens, le désespoir submergea Linda. Elle attendait, avec son enfant gisant sur un matelas, dans une salle glaciale : elle atteignit là le comble du désespoir. Il n'y avait âme qui vive pour la consoler ; personne alentour pour lui redonner espoir, personne pour la réconforter, lui dire que ça allait s'arranger. En fait, on lui annonça à l'issue d'un scanner cérébral[1] que sa petite fille était perdue. Linda avait lu dans l'Évangile : « Demandez et vous recevrez. » Aussi demanda-t-elle des milliers de fois un miracle. En vain !

Il existe des personnes remarquables ; Lee en est une. Restée auprès d'elle, cette infirmière répondit à ses questions ; elle lui expliqua comment préparer le retour de Jamie chez elle lorsqu'il serait éventuellement temps d'en décider. Lee lui expliqua comment se servir de l'aspirateur de mucosités et du matériel à oxygène.

1. Jamie a eu une TDM (tomodensiométrie), scanner permettant d'obtenir une « image en coupe » du cerveau. (N.d.A.)

Mais Linda ne voulait rien savoir. Submergée de chagrin et d'angoisse, elle refusait de porter toute seule ce fardeau. Elle était terrifiée à l'idée de retourner dans sa grande maison, loin de tout service hospitalier d'urgence apte à réanimer Jamie, à la ventiler en cas d'arrêt respiratoire. Assise dans un couloir de l'hôpital, Linda attendait. Elle espérait dormir, oublier ; elle rêvait de pouvoir revenir en arrière. Mais il n'y avait rien à faire. Son enfant prostrée sur son petit lit blanc, le regard fatigué, le crâne chauve, avec cette tumeur qui ne cessait de croître, elle la revoyait jadis joyeuse et pleine de vie ; elle la revoyait rire, glousser, courir...

Sentant monter en elle une rage impuissante, Linda eut envie de hurler. Mais dans un hôpital, il n'existe pas de lieu où l'on puisse crier. Elle aurait voulu disparaître, mais qui aurait pris soin de ses enfants ? Elle avait besoin d'une épaule sur laquelle reposer sa tête, besoin de pouvoir crier au secours ! Mais elle ne connaissait personne qui puisse l'aider vraiment. Les voisins viendraient bien de temps en temps préparer le repas lorsqu'elle se sentirait trop déprimée pour cuisiner. Elle avait aussi quelques bons amis susceptibles d'inviter Rusty, ce qui permettrait au jeune garçon de rire et de s'amuser dans ce moment de sa vie qu'elle-même ne pourrait jamais associer au plaisir et à la joie. Mais elle ne trouvait point de recours à son sentiment de solitude extrême.

Puis vint le jour où elle ramena Jamie à la maison.

Elle lui avait installé un petit lit dans sa chambre, sur une chaise longue, et passait le plus de temps possible avec elle, leur chien tant aimé à ses pieds.

Dehors, il faisait froid. Autour d'elle, il faisait froid. Dans toute la maison, le froid semblait régner. La vie s'en était allée. Elle en voulait à Rusty de ses difficultés. Même si elle sentait bien que lui aussi avait besoin de compréhension, d'attention, elle n'avait plus aucune patience avec lui. L'un comme l'autre se sentaient si démunis, si désespérés, si seuls ! C'est à ce moment-là que, prévenu par un ami commun, Mal Warshaw lui téléphona pour lui annoncer ma venue. Elle avait entendu parler de mon travail, mais, à l'époque, elle ne se sentait pas concernée par la mort et les mourants.

Fin février 1977, la sonnette de la porte d'entrée retentit : Mal et moi avons débarqué comme de vieux amis de la famille. Linda et Rusty étaient tous deux installés dans la chambre de Jamie. Bien que ces derniers jours Jamie soit devenue plus passive, il fut facile de lui demander de faire un dessin avec ses couleurs préférées. Comme la plupart des mères dans cette situation, Linda s'attendait à ce que nous passions dans la pièce d'à côté pour discuter du pronostic et du traitement. Elle s'était préparée au genre de dialogue que l'on peut avoir avec une psychiatre et n'espérait guère que nous puissions résoudre des problèmes plus prosaïques. Lorsqu'on lui proposa, non de parler, mais de s'asseoir à côté de sa fille et de faire elle aussi un dessin, elle en resta stupéfaite. Elle dit d'abord, comme la plupart des adultes : « Je ne sais pas dessiner. Il y a si longtemps que je n'ai pas dessiné... » Mais là, il n'y avait pas d'excuse qui tienne. Il lui fallut s'exécuter, quoi que ce dessin risquât de révéler.

Et pendant qu'elle dessinait sa maison triste, désolée, solitaire, révélant ainsi encore plus profondément le chagrin qu'elle traversait, Jamie usait avec bonheur de toutes les couleurs possibles et imaginables, traçant forme après l'autre, certaines reliées entre elles, d'autres pas. Le quart supérieur gauche de la feuille était différent : elle y avait dessiné un ballon violet – couleur de la spiritualité – qui s'envolait haut dans le ciel, détaché, libéré de ses entraves.

Jamie ignorait tout de cette technique mise au point par Susan Bach[2]. Cette méthode met en lumière le sens intime des dessins spontanés que font les enfants mourants. Dans un dessin

---

2. Analyste jungienne, exerçant à Londres, faisant autorité en la matière. Personnalité marquante, et pourtant pas assez reconnue. (N.d.A.)

spontané, les enfants choisissent tout : formes, couleurs, conception. Ainsi nous révèlent-ils très souvent la connaissance qu'ils ont de leur mort imminente. Ainsi offrent-ils en partage à ceux qui savent décrypter le langage symbolique, le sens qu'ils donnent à leur maladie, à leur vie présente et future.

Dans un dessin, le quart supérieur gauche de la feuille représente le futur lointain et la mort. Dans le dessin de Jamie, il mettait en évidence sa conception de la mort : il révélait une absence de peur, un détachement et une spiritualité rare. Linda était sidérée de voir combien un dessin pouvait être révélateur : celui de Jamie comme le sien, dont elle put vérifier l'interprétation. C'est ce dessin qui lui permit finalement de lâcher prise. Dans les jours qui suivirent, alors que tout devenait chaotique, assise à la table de la cuisine, où nous avions bu le café, elle regardait le dessin fixé sur la porte du réfrigérateur. Elle prenait enfin conscience de sa peur, de son incapacité à laisser partir Jamie alors que sa petite fille était déjà en paix intérieurement et savait sa transition toute proche.

J'ai pu interpréter pour Linda les pensées de Jamie telles que les révélaient ses dessins spontanés. J'ai aussi pu analyser son propre dessin : sa solitude dans une maison vide, désertée ; sans cheminée, sans fumée, ni chemin ; une habitation qui ressemblait davantage à une prison qu'à une maison. Linda était soulagée de pouvoir exprimer sa peine sans passer par les mots. C'est avec un sourire reconnaissant qu'elle put nous dire au revoir. La visite avait été brève : une heure et demie ; même s'il nous avait fallu toute la journée pour aller de Flossmoor, où j'habitais, jusqu'à chez elle, en passant par New York, aller et retour. Ces quatre-vingt-dix minutes se sont révélées essentielles, décisives. C'était exactement ce dont Linda avait besoin pour mobiliser ses propres ressources, retrouver sa force intérieure pour traverser les mois à venir.

Plusieurs facteurs nous ont permis de venir en aide à Linda en si peu de temps : en travaillant dans ce champ d'activité depuis longtemps, les perceptions s'affinent et l'on sent plus vite les besoins des malades et de leur famille. Nous repérons à la seconde les clefs qu'ils nous donnent, directement, ou de manière symbolique, en langage non verbal. Nous nous servons des dessins, qui nous sont d'une grande ressource : dessins du malade et, autant que possible, de ses parents ou de ses enfants, dessins des frères et sœurs. Enfin, et c'est peut-être le plus important, lors de nos visites, nous n'avons pas peur ; nous ne nous encombrons pas de formalités. Nous allons droit au but ; et si nous doutons de quelque chose, nous nous tournons tout simplement vers l'intéressé pour le lui demander. Ici, tout échange superficiel est banni. Nous n'instaurons pas le genre de dialogue parfois en vigueur à l'hôpital, lors de la visite des médecins. Comme nous ne nous préoccupons plus de traitement curatif, nous n'avons absolument plus rien à lui demander si ce n'est où il en est, son sentiment sur ce qui lui reste à accomplir pour se sentir en paix.

Ceci nous amène à la notion d'*unfinished business*[3].

Lorsqu'un malade n'a plus de travail laissé en souffrance, s'installe en lui une sensation de paix et d'harmonie, le sentiment d'avoir fait ce qui était à faire. Comme une mère de famille, le soir, après le coucher des enfants. La table desservie, la vaisselle faite, elle a le sentiment d'avoir fait tout ce qu'elle avait à faire dans sa journée. Elle n'a plus qu'à prendre sa douche et à aller se coucher. Elle éprouve alors une fierté, un sentiment d'accomplissement tels qu'elle peut s'endormir l'esprit tranquille et le cœur léger. Voilà, traduit en mots tout simples, ce que j'appelle accomplir le travail inachevé.

Lors de ma visite à Linda, je lui ai parlé de la tournée de trois semaines de conférences que j'allais faire en Australie : j'allais rencontrer

---

3. Voir note 1, page 15.

d'autres mères confrontées à des cas semblables à celui de Jamie, auxquelles je parlerais des possibilités de soins. Nous avons discuté de l'éventualité que Jamie meure à l'Hôpital des enfants, où elle recevrait d'excellents soins. Nous avons aussi envisagé de lui permettre de mourir chez elle. Je lui ai parlé d'autres mères qui avaient fait le choix de ramener leur enfant à la maison ; je lui ai raconté comment elles avaient transformé le salon en une chambre où, installé près d'une fenêtre, l'enfant pouvait regarder la dernière chute de neige, les premiers bourgeons surgir au printemps ; voir arriver le facteur, un frère, une sœur...

Si Linda en faisait autant, Jamie pourrait voir sa maman faire la cuisine ou le ménage ; elle profiterait d'une présence aimante à toute heure du jour ou de la nuit, ou presque. Nous avons expliqué à Linda qu'utiliser le salon offrait un autre avantage. Les enfants associent souvent leur propre chambre à des images négatives, car les adultes ont tendance à les y renvoyer s'ils ne se tiennent pas bien, en leur lançant : « Tu reviendras quand tu seras calmé ! »

J'ai aussi suggéré à Linda de louer un lit assez grand pour qu'elles puissent s'y allonger toutes les deux ; Jamie pourrait dormir dans ses bras et constater, lorsqu'elle ouvrirait les yeux, que maman était toujours là. J'ai découvert que cela assurait aux mères dont les enfants sont malades un minimum de repos et un contact physique. Cela évite d'avoir à soulever et à recoucher l'enfant, avec l'inconfort que cela suppose pour la mère ou l'enfant malade.

Linda et moi avons évoqué les complications éventuelles : convulsions, complications respiratoires nécessitant un aspirateur endobronchique. Il faudrait encourager Jamie à boire le plus possible pour éviter injections, transfusions et tout ce qui, passant par des aiguilles, est forcément douloureux.

Nous avons demandé à Jamie de continuer à écrire et à dessiner pour sa maman. Sans le savoir, elle a offert à Linda les deux cadeaux les plus beaux qu'une mère puisse recevoir.

Cette lettre :

« Je t'aime pour toujours. Je t'embrasse. Jamie. »

Et le dessin spontané du ballon violet, exprimant qu'elle était prête à se détacher et à prendre son envol, esprit libéré s'élevant en plein ciel.

Oui, Jamie était consciente de la mort, de la vie après la mort. Elle n'en avait pas peur. Peu à peu, Linda prit conscience de cette réalité-là, et ce fut pour elle une consolation. Savoir que son enfant avait le courage d'affronter ce passage dans la paix, avec sérénité, lui donna la force de surmonter cette épreuve.

Comme la plupart des mères en pareille situation, Linda éprouvait encore de la colère, de l'angoisse ; elle ne savait comment s'en libérer, et cela la perturbait. Pour l'aider à s'en débarrasser, je lui ai adressé un bout de tuyau en caoutchouc[4]. A elle de trouver un lieu sûr, lorsque Jamie dort et que Rusty est à l'école ; un lieu où elle puisse exprimer sa rage, sa révolte contre tant de deuils à affronter, où elle puisse interpeller Dieu et lui exprimer sa colère sans personne pour la juger ou la culpabiliser davantage.

Nous utilisons un tuyau en caoutchouc parce que ce n'est pas cher ; on peut s'en procurer un aisément, ça tient dans un sac et on peut l'utiliser n'importe où. Cela donne plus de force à la main qui, de rage, de colère, frappe et cogne. A défaut, une serviette de toilette pliée en deux peut également faire l'affaire ; ou les poings, à mains nues. Avec le tuyau, on ne risque guère que des ampoules aux mains. L'essentiel est que le malade ou quelqu'un de son entourage s'empare du tuyau lorsqu'il sent en lui monter la rage, le sentiment d'injustice ; qu'il batte un oreiller, un matelas, un canapé représentant la

4. Section de 45 cm de long. (N.d.A.) Tuyau de caoutchouc assez épais, de type tuyau de gaz ou d'évacuation de machine à laver, qu'Elisabeth Kübler-Ross propose d'utiliser lors de ses stages, souvent avec des gants, par sécurité. (N.d.T.)

personne contre laquelle la colère est dirigée. Ainsi peut-il exprimer, libérer, hurler sa rage sans blesser personne.

Grâce à cette technique utilisée par d'autres avant elle, Linda a pu entrer en contact avec sa colère, son chagrin ; ce qui lui a permis d'accompagner plus paisiblement son enfant mourante. Elle a même réussi à accepter que Jamie soit réhospitalisée pour une thérapeutique de la dernière chance, une perfusion de Cysplastyl[5].

Cette chimiothérapie n'était pas censée altérer la tumeur, mais en ralentir la croissance, espéraient les médecins, ce qui permettrait à Jamie de vivre plus longtemps. Ce ne fut pas le cas.

Linda restait assise des heures, penchée sur la barrière du lit de Jamie ; elle regardait son enfant assoupie, somnolente ; perdue dans son besoin de paix, son envie de se décharger de ce fardeau sur une institution et un personnel compétent. En même temps, elle éprouvait un immense désir de ramener Jamie à la maison, de la prendre dans ses bras. De la laisser mourir en paix dans son environnement familier, sans aiguille, sans appareil, sans personne étrangère, sans honte ni doute.

5. Chimiothérapie de dernière ligne. Expérimentale à l'époque, elle est aujourd'hui couramment utilisée. Elle était alors réputée pour ne pas affecter la tumeur, mais en ralentir la croissance. Aujourd'hui, son impact direct sur la tumeur est reconnu. (N.d.T.)

Ce dernier séjour à l'hôpital a vraisemblablement provoqué chez Linda le plus grand conflit intérieur de sa vie. De temps en temps, Jamie ouvrait les yeux et la regardait d'un air de dire: «Maman, pourquoi faut-il que les adultes nous rendent si malades pour nous soigner?» Mais elle ne l'a pas dit. Seul son regard parlait; et Linda baissait les yeux, soupirait, tentait de résoudre le conflit, de prendre l'ultime décision: que faire de Jamie? où allait-elle vivre les derniers jours de sa vie?

Parfois, la petite fille restait prostrée, la tête penchée sur l'épaule; Linda aurait donné une fortune pour savoir, pour comprendre où en était son enfant.

Alors sa pensée revenait vers le dessin au ballon violet. Elle savait que si Jamie se préoccupait de sa mort, c'était surtout à cause de sa maman, du chagrin de ceux qu'elle aimait; elle ne craignait ni la séparation ni le passage, mais le chagrin que les adultes manifestaient, sans rien dire ou de manière explicite.

Il y avait le ballon violet; nos encouragements, aussi: ce rêve partagé de savoir Jamie installée au salon dans un lit spacieux, derrière la baie vitrée, en plein soleil. C'est cela qui a finalement donné à Linda le courage de prendre la décision de ramener Jamie à la maison.

Jamie fut enchantée. Elle allait rentrer à la maison, avec son cher lapin en peluche, ses jouets préférés. Son chien l'attendrait, son frère rentrerait de l'école ; bien sûr, ses interruptions bruyantes et sa brusquerie la fatigueraient parfois, mais ce serait si bon de le sentir présent ! Le voir, l'entendre. Savoir que maman aurait auprès d'elle un autre enfant qui la ferait rire, qui jouerait avec elle ; un enfant qu'elle verrait grandir : c'était une consolation pour la petite Jamie.

C'en était une aussi pour Rusty. Jamie ne riait, ne jouait ni ne criait plus beaucoup. Mais elle était là, ce qui voulait dire que maman n'avait plus besoin d'aller à New York et que lui, Rusty, n'aurait plus à rester chez des amis, chez des voisins ou dans sa famille. Il n'était plus séparé de sa sœur, comme le sont la plupart des frères et sœurs d'enfants malades. En rentrant de l'école, il a vu le visage de sa mère par la grande baie vitrée, avant même d'ouvrir la porte d'entrée. Il l'a regardée, allongée dans un grand lit avec sa petite sœur dans les bras. Sur son visage passait plus souvent un sourire qu'une ombre de tristesse.

Fin mars, nous allions rendre une deuxième visite à Linda lorsque celle-ci nous téléphona pour nous annoncer avec fierté : « Ça y est ! C'est fait ! » Elle voulait dire par là qu'avec tout son courage, elle avait mis un point d'honneur à décider le retour de Jamie à la maison. Elle avait installé le grand lit près de la fenêtre ; toutes deux ont ensemble regardé tomber les derniers flocons de neige, surgir les premiers bourgeons, percer le premier rayon de soleil faisant éclore la première fleur du printemps. Sur le visage de Linda, le chagrin, la souffrance aiguë et l'angoisse avaient cédé la place à la paix, à la fierté, au contentement. Jamie le savait ; cela lui permit de glisser doucement vers un état de conscience modifié, d'où elle émergeait parfois en ouvrant les yeux, pour s'assurer que maman était bien là.

Lors de notre deuxième visite, le moment le plus émouvant fut celui de l'arrivée de Rusty : ce n'était plus l'enfant difficile et perturbé que j'avais connu. Tout fier, il grimpa sur le lit et me proposa de jouer au ballon avec le lapin en peluche de sa sœur. Joyeux, il le lançait et le rattrapait sans avoir peur que ce lapin volant au-dessus des têtes ne vienne heurter Jamie. Après quelques minutes de jeu, ayant obtenu sa part d'attention, de soin et d'amusement, il bondit hors du lit et déclara fièrement : « Et maintenant, au travail ! » Il s'approcha du bord du lit, empoigna la canule de l'aspirateur et, tout fier, aspira les mucosités du nez et de la bouche de sa sœur. Il voulait montrer qu'il savait faire marcher le matériel d'aspiration et qu'il prenait une part active dans les soins prodigués à Jamie.

Puis il s'empara du masque à oxygène et lui en fit respirer quelques bouffées ; toujours pour montrer qu'il était assez grand pour s'occuper de sa sœur. Maman pouvait se reposer en tenant Jamie dans les bras pendant qu'il s'occupait de la technique ! Lorsqu'il eut fini, Rusty retourna à la cuisine, pris son goûter et se remit à son travail d'écolier, content d'avoir participé jusqu'au bout aux soins de sa sœur.

A la dernière visite, nous le savions tous, si la fillette mourait paisiblement, avec sérénité, sans peur, sans angoisse ni souffrance, ce serait grâce au courage et à l'amour de sa mère. Quelques années plus tôt, à sa naissance, Linda l'avait accueillie et serrée dans ses bras avec amour ; de la même manière maintenant, Jamie passait à une autre forme d'existence. De là, elle attendrait sa mère jusqu'au jour où celle-ci serait prête à son tour pour le grand départ.

Jamie mourut chez elle le 12 avril 1978. Linda engrangea comme des trésors les souvenirs de ces dernières semaines. Nous n'oublierons pas le courage de cette jeune mère, son dévouement. Deux visites avaient suffi ! En tout, trois heures de notre temps accordées à une femme qui avait réellement besoin de notre amitié. Qui la méritait, surtout.

Depuis la mort de Jamie, me dit Linda, Rusty va bien ; il joue de nouveau avec les petits voisins. Les premiers temps, il s'est accroché un peu à sa mère et préférait rester avec elle à la maison ; maintenant, elle peut le faire garder par des baby-sitters ou le déposer chez des amis lorsqu'elle a à faire.

Avant la mort de sa sœur, le jeune garçon avait demandé s'il pouvait lui offrir des objets qu'elle emporterait avec elle : un livre, une bague et une petite voiture. La dernière nuit avant les funérailles, il est allé la voir dans la chapelle. Le livre était posé sur son ventre ; au doigt d'une main, elle portait sa bague, et la voiture était glissée dans l'autre. C'était très important pour Rusty. La froideur du corps le préoccupait beaucoup. La nuit suivante, il fit un rêve, qu'il raconta à Linda : il ramenait Jamie à la vie avec de l'eau chaude et ils jouaient ensemble. Sa mère lui expliqua que Jamie ne ressentait pas le froid, que là où elle se trouvait, ils ne pourraient la rejoindre pour le moment. Elle lui dit que Jamie était heureuse.

Rusty décida de déménager dans la chambre de sa sœur et de garder bon nombre de ses affaires. Linda put accepter cela, tout en jetant certaines choses que son petit garçon n'utiliserait pas.

Inutile de vous dire combien les premiers temps après la mort de Jamie ont été durs ; mais ils ont pu pleurer ensemble. Il arrive encore à Linda de fondre en larmes à la vue d'un vêtement, d'un jouet, d'un dessin de Jamie. Le chagrin est toujours présent ; mais grâce à l'expérience partagée, ils n'ont plus besoin de faire ce travail de deuil. Ce long travail qui reste à accomplir habituellement après la mort d'un être aimé, lorsque subsiste encore de l'*unfinished business*[6]. C'est pratiquement toujours le cas lors de mort soudaine, si nous n'avons pas pu dire au revoir, si nous n'avons jamais eu le courage de dire *Je t'aime :* nous nous retrouvons alors avec un énorme poids de ressentiment, de regrets, de chagrin, de culpabilité. S'ils ne prennent pas en compte ces états d'âme, la plupart des proches en deuil ne sauront trouver la paix. Cette paix que nous les encourageons à faire émerger en leur proposant de déposer une parole pour exprimer leur souffrance, pour se libérer de la culpabilité, de la peur, de la honte.

Linda avait remarqué, chez son jeune fils, un comportement magnifique : Rusty ne s'exprimait pas facilement avec des mots ; mais il avait fait ce qu'il avait à faire. Si bien que ses pulsions négatives semblaient s'être diluées ; sa personnalité s'éveillait, il accédait à une autonomie nouvelle. De tout cela, ils peuvent parler ensemble aujourd'hui.

*

6. Voir note 1, page 15, ainsi que la définition d'Elisabeth Kübler-Ross page 65.

Lettre envoyée par Elisabeth Kübler-Ross à Linda :

19 janvier 1978

Chère Linda,

Un petit mot pour vous dire bonjour et vous remercier de nous avoir accueillis si chaleureusement, Mal Warshaw et moi, l'autre jour, lors de notre brève visite. J'ai beaucoup aimé vous rencontrer enfin ; j'ai eu plaisir à vous voir toutes deux faire un dessin. Je vous l'ai demandé à vous aussi car, comme bien des femmes au foyer, vous aimez avoir une maison propre, où il fait bon vivre ; mais il est plus douloureux de regarder sa maison intérieure, où se cachent notre souffrance, la colère, l'angoisse que nous portons. Le plus court chemin pour y arriver : faire un dessin spontané ou écouter ses rêves, et regarder la peine et la part d'obscurité qui sont en nous. Nous pouvons tous nous en libérer.

Je vous envoie par courrier séparé un bout de tuyau en caoutchouc. Ce n'est pas une plaisanterie, c'est un véritable outil pour vous permettre de vous libérer de la colère, de la peine ; peu importe envers qui : cela peut venir de loin, si dans l'enfance nous n'avons pas été autorisés à exprimer nos sentiments de colère, d'angoisse. Laissez déborder cette mare de chagrin refoulé, sentez-vous libre ! Cela vous donnera de l'énergie pour l'année à venir, vous l'utiliserez ainsi de manière positive, belle, aimante, attention-

née ; cela vous évitera de vous effondrer sous le poids du souci que vous vous faites au sujet de votre aîné, sous le poids de l'angoisse, de la solitude que vous devez éprouver souvent.

Je reviendrai bientôt vous rendre visite.

Bien affectueusement,

Elisabeth

Lettre envoyée par Linda à Elisabeth Kübler-Ross et à Mal Warshaw quelques semaines après la mort de Jamie :

... A plus d'un titre, j'ai réellement commencé à vivre juste avant d'apprendre que ma fille était atteinte d'une tumeur cérébrale. Auparavant, ma vie s'était déroulée de manière classique. Je suis allée à l'université, j'ai enseigné pendant cinq ans, je me suis mariée, j'ai eu deux enfants, nous avons acheté un pavillon de banlieue. A peu près un an avant que le diagnostic ne soit posé, j'ai senti que j'avais besoin d'autre chose, de m'occuper davantage de moi. Je me suis beaucoup plus investie dans l'école primaire de mon fils, autogérée par les parents. J'ai fait partie d'un groupe de femmes dont le but était un éveil de la conscience. J'ai commencé une thérapie.

Toutes ces expériences m'ont changée et grandie. Si elles ont préparé le terrain à ce qui allait arriver avec Jamie, elles ont précipité la fin de mon union. J'étais en plein divorce lorsque j'ai appris que Jamie était atteinte d'une tumeur. Projets d'avenir et excitation se sont évanouis d'un seul coup. Ma vie personnelle attendrait.

Pour je ne sais quelle raison, depuis le jour de sa naissance, j'ai éprouvé pour Jamie un amour particulier. Je savais qu'elle allait avoir d'autant plus besoin de moi, et j'avais besoin de l'accompagner. La période la plus intense de ma vie, période d'émotions profondes, a commencé avec la nouvelle de sa maladie. Tout ce qui m'était arrivé auparavant appartenait à une autre vie. Je centrai toute mon énergie pour aider Jamie à gagner cette lutte pour la vie. A certains moments, j'en voulais à sa maladie de me limiter; mais si elle était condamnée, je voulais faire pour elle tout ce qu'il était en mon pouvoir de faire.

J'ai insisté pour connaître la vérité, et on m'a tout de suite dit combien cette maladie était grave. Si infimes que fussent les chances de survie, elles laissaient place à l'espoir. Pourtant, au début, j'ai eu du mal à m'accrocher à cet espoir. Nous avons soudain pénétré dans un monde inconnu et terrifiant. Cette transition du monde normal *au monde de l'hôpital nous a été facilitée par l'équipe soignante de l'Hôpital des enfants; mais il était si difficile de regarder Jamie passer au scanner ou être traitée par radiothérapie ! Elle acceptait tout; elle me communiquait la force dont j'avais besoin. Malgré mon désespoir, je savais que je devais lui rendre chaque instant précieux.*

Je n'étais plus mariée, mais je n'étais pas complètement seule. Pendant le temps de la maladie de Jamie, mes parents et mes amis m'ont aidée, entourée de beaucoup d'amour. Ils ne connaissaient pas la profondeur et la complexité de mes émotions, mais ils étaient à mes côtés : ils éprouvaient eux aussi le besoin de faire tout leur possible pour nous aider, Jamie, Rusty et moi. Si merveilleux et chers à mon cœur qu'ils fussent, il m'a parfois été difficile de me relier à eux, parce que c'était à moi et non à eux que cela arrivait. Eux pouvaient me quitter et retourner à leur vie normale, *alors que mon univers était en miettes. Mais sans eux, je n'aurais pas pu traverser l'épreuve de la maladie de Jamie.*

J'ai vécu des moments d'intense colère, des moments d'intense amertume. Malgré la profondeur de mon amour pour Jamie, j'éprouvais parfois tant de colère envers elle ! Je lui en voulais de me faire vivre cela : elle me confrontait au risque de perdre un être si précieux pour moi ; elle me privait du privilège de continuer à l'aimer, à la guider, à la voir grandir dans une tendresse partagée. En même temps, j'avais conscience de tout ce qu'elle m'avait donné en si peu de temps.

Je ne croyais à aucune forme de vie après la mort. C'est cela aussi qui me rendait si difficile l'idée de continuer à vivre sans Jamie. J'avais une terreur de la mort ; je croyais que cela signifierait la fin de toute conscience ; je ne voulais pas y penser, moins encore en parler. Beaucoup de mes amis pensaient qu'il existait une vie après la mort, mais je rejetais leurs tentatives de dialogue à ce sujet. Je ne trouvais pas réconfortant d'imaginer qu'une part de Jamie continuerait à vivre après la mort. J'étais plus focalisée sur la terrible perte à laquelle je serais confrontée si elle mourait. Malgré une grande part de déni chez moi tout au long de la maladie de Jamie, j'éprouvais le besoin de me préparer à sa mort. Je me suis mise à lire des livres, en commençant par Vivre avec la mort et les mourants *d'Elisabeth Kübler-Ross*[7]. *Le fait d'avoir participé à un groupe d'éveil de la conscience m'a sans doute donné le désir de rencontrer d'autres personnes vivant une expérience similaire. J'ai participé à un groupe de soutien pour les proches de personnes atteintes du cancer, à l'Hospice*[8] *de Rockland. C'est avec eux que j'ai pu manifester les émotions, les peurs que souvent je réprimais.*

J'ai rencontré Mal Warshaw par l'intermédiaire d'un membre de ce groupe : c'est ainsi que j'ai participé à ce livre. Tant de personnes m'avaient aidée ! Alors j'ai voulu offrir mon

7. McMillan, New York, 1968 ; Éditions du Tricorne, Genève, 1984 ; rééd. Le Rocher, 1997.

8. Dans les pays anglo-saxons, dans les années 70 comme à l'heure actuelle, un « Hospice » est un lieu où sont prodigués ce que nous appelons aujourd'hui en France des « soins palliatifs ». Voir note 1, p. 141. (N.d.T.)

expérience pour dire aux autres qu'il est possible ne pas affronter seul la perte d'un enfant.

J'ai rencontré le docteur Kübler-Ross au moment où je venais d'apprendre que la tumeur de Jamie se remettait à grossir et que l'on ne pouvait plus grand-chose pour elle. Je cherchais s'il existait d'autres traitements. Même si, intellectuellement, je savais que Jamie allait mourir, je ne pouvais m'y résigner. Il a suffi de quelques minutes au docteur Kübler-Ross pour savoir avec précision ce dont j'avais besoin ; et par l'intermédiaire de Jamie, elle me l'a offert. Elle a demandé à Jamie de faire un dessin. L'interprétation qu'elle en donna me permit de faire le premier pas sur le chemin de l'acceptation de l'inéluctable. Cela a changé ma conception de la mort. Parmi toutes les différentes formes dessinées par Jamie, un ballon violet flottait dans l'air, libre.

Voici ce que le docteur Kübler-Ross m'en a dit : la couleur de ce ballon, la place qu'il occupe dans le dessin, le fait qu'il ne soit relié à aucune autre forme prouve que Jamie sait ce qui va lui arriver et accepte sans peur le passage qu'elle doit effectuer. J'avais besoin de savoir que l'avenir ne lui serait pas trop rude.

Le docteur Kübler-Ross savait aussi que je ne laissais pas suffisamment mes sentiments de colère et de désespoir faire surface. Quelques jours après sa visite, elle m'a envoyé un bout de tuyau en caoutchouc : je devais l'utiliser pour laisser sortir ces émotions en tapant sur un objet résistant. Je m'en suis servie : ça marche !

Nous avons évoqué la façon d'organiser la maison au cas où Jamie ne pourrait plus quitter son lit. Ce moment-là est arrivé. J'avais emmené Jamie à l'hôpital pour une thérapie de la dernière chance. En vain : son état ne fit qu'empirer. Il nécessitait des soins à plein temps, mais elle voulait rentrer à la maison. Malgré ma terreur, j'ai pris la décision de suivre son désir. Le docteur Kübler-Ross est venue nous voir pendant les trois semaines que Jamie a passées à la maison et cela m'a beaucoup soutenue. J'ai découvert à quel point j'avais besoin de ce temps d'intimité avec Jamie. Cela m'a permis d'accepter pleinement le fait que sa mort soit inéluctable. Cela m'a aussi donné l'occasion de faire pour elle tout ce qui était en mon pouvoir : l'environner d'un grand confort, l'installer au milieu d'objets familiers et, par-dessus tout, l'entourer d'amour, l'amour de sa famille et de ses amis. J'ai moi aussi été entourée. Il m'aurait été impossible de ramener Jamie à la maison sans l'aide chaleureuse de mes parents, de mes amis, et en particulier de Liz, Joan, Carol, Lois, Lee... entre autres membres de l'Hôpital des enfants. Nous tous, y compris mon fils, lui avons prodigué des soins. Il était spécialement important pour Rusty de participer à ce moment. Il s'était senti exclu si souvent lorsque j'allais à l'hôpital avec Jamie ou lorsque je l'y emmenais pour un traitement. Il a gardé quelques merveilleux souvenirs des trois dernières semaines : il lui faisait la lecture, lui polissait les ongles ou s'asseyait à côté d'elle et lui tenait la main.

Je savais que j'avais bien fait de ramener Jamie à la maison. Mais quelques jours avant sa mort, même si j'avais décidé de l'y garder jusqu'au bout, ma détermination a vacillé : des complications s'étaient présentées, je n'étais pas sûre de pouvoir y faire face. J'ai appelé le docteur Kübler-Ross : en quelques mots, elle a su me rassurer. A ce stade, Jamie ne souffrait pas ; elle était rarement consciente. Le docteur Kübler-Ross m'a incitée à croire que la conscience de ma fille se focalisait ailleurs, qu'elle était toujours entourée d'amour. J'ai su alors que je ne la ramènerais pas à l'hôpital. Cela m'a tant aidée de savoir qu'en cas de problème, je pourrais, à tout moment, faire appel au docteur Kübler-Ross, et qu'elle viendrait !

Tandis que l'état de Jamie empirait, j'essayais de me centrer sur le ballon violet et sur tout ce qu'il représentait. J'ai découvert que je voulais, que j'avais besoin de croire qu'un peu de Jamie continuerait d'exister quelque part, d'une manière ou d'une autre, après la mort du corps physique. La dernière semaine, en dépit d'épisodes de détresse respiratoire, Jamie devint paisible et je ne craignais plus ce qui allait arriver. J'avais l'impression de voir le ballon violet tirer doucement sur la corde jusqu'à ce qu'il s'en détache et s'envole vers l'horizon.

Jamie me manque tellement ! Mais j'ai beaucoup appris ; le chagrin m'a fait grandir. Je n'ai plus peur de la mort, car Jamie était dans mes bras lorsqu'elle est morte et je n'ai rien vu qui puisse inspirer la peur. Je ne crois plus que la mort soit une fin. Même en quittant le cimetière, je n'avais pas le sentiment d'y avoir laissé mon enfant. Elle était avec moi comme si souvent depuis lors. Au milieu de tant d'angoisse se nichent de si beaux souvenirs ! Le courage de Jamie, sa joie, son amour m'accompagnent pour toujours. Elle fut pour moi un cadeau précieux.

Louise

La vie de Louise commença de manière discrète. Durant des années, elle fut consacrée à l'éducation de ses enfants, dans une petite ville aux environs de Cleveland. La maison dans laquelle elle vécut ces vingt dernières années était située dans l'une de ces rues tranquilles, bordées d'arbres et de petites pelouses bien entretenues, à proximité d'un centre urbain, non loin d'un aéroport bruyant.

Toutefois, dès l'abord, cette maison donnait l'impression d'une forte personnalité. Son foyer était le reflet de ses dons, de ses talents, l'évidence même de cette beauté intérieure acquise tout au long des années de lutte.

Après avoir élevé trois enfants puis divorcé, à la cinquantaine, Louise était passée de la fonction de bénévole paroissiale à celle d'assistante sociale, à l'hôpital de la ville. Là, elle avait fondé et pris la direction du premier département local d'aide sociale.

Les enfants avaient grandi ; ils étaient partis. Elle resta seule dans la demeure où elle avait vécu la moitié de sa vie. Cette maison devint son refuge, un lieu d'introspection. En compagnie de ses deux fidèles retrievers labradors. Sa maison et ses deux chiens étaient ses derniers liens et son grand souci lorsqu'elle se trouva confrontée à la réalité ultime de sa mort.

Son cancer fut diagnostiqué en 1976. D'abord, elle garda la nouvelle pour elle, réfléchissant avec lucidité aux différentes thérapies possibles : les avantages et les inconvénients de la chirurgie, de la radiothérapie, de la chimiothérapie, elle les connaissait. Dans son travail à l'hôpital, elle avait aidé bien des malades confrontés à ce dilemme ; elle savait la réticence de chacun à aborder ces questions.

Elle avait conseillé beaucoup d'épouses abandonnées par leur mari, ou que celui-ci ne *touchait* plus : ils ne les approchaient plus par peur du cancer. Elle connaissait beaucoup de jeunes femmes qui cachaient la perte d'un sein, tant elles se sentaient coupables. De fait, elles avaient cessé de vivre pleinement à cause des réactions négatives de leurs proches, réactions de peur chez leur mari, chez leurs amis. Ainsi, sa pratique d'assistante sociale avait déjà préparé

Louise à ce qui l'attendait. Côtoyer des malades en phase terminale lui avait beaucoup appris.

Pour elle, le véritable enjeu devint la qualité de la vie et non sa durée. Ce que nous ont enseigné d'autres malades courageux était vrai aussi pour Louise : elle ne se souciait guère du nombre d'années qu'il lui restait à vivre. Par-dessus tout, ce qui comptait, c'était son besoin de vivre une vie riche et féconde, de rester autonome et, sous une forme ou une autre, de contribuer au service de ses semblables aussi longtemps que possible. Elle craignait la souffrance et la dépendance. Elle préférait mourir plutôt que d'échouer dans une quelconque maison médicalisée déshumanisante totalement incapable de se laver, de s'alimenter seule, impuissante à donner son avis sur quoi que ce soit.

Être assommée par les médicaments et ne plus être elle-même la terrifiait. Les semaines qui suivirent l'annonce du diagnostic de cancer du sein, toutes ces idées lui passèrent par la tête. Elle savait fort bien que refuser la chirurgie ou le traitement aboutirait, selon l'opinion générale, à une mort précoce avec métastases, dans la souffrance.

Louise avait étudié les probabilités statistiques. Un soir, alors qu'elle peignait, lui parvint ce message : « Bon sang ! Non ! tu ne subiras pas de chimiothérapie ! » Elle décida donc de refuser la chirurgie ou les rayons et de vivre pleinement sa vie, quel que soit le temps qui lui resterait. Elle informa son médecin traitant, qui l'avait adressée à un chirurgien, qu'elle remettait son destin entre les mains de Dieu.

C'était compter sans l'hostilité manifeste et l'abus de pouvoir des amis « bien intentionnés » et des collègues de travail, dès qu'ils comprirent qu'elle était déterminée à choisir sa façon de vivre et de mourir sans suivre l'avis médical. Ils ne pouvaient concevoir qu'une femme du métier, intelligente, puisse envisager de refuser un traitement. Ils employèrent des mots tels que : « suicide... ridicule... autodestruction... égoïsme patenté. » Par chance pour eux, ceux qui prononcèrent ces mots n'avaient jamais été placés devant un tel choix.

J'ai rencontré Louise lors d'une de mes conférences, juste après sa décision et le rejet, l'isolement qui s'ensuivirent. Nous avons déjeuné ensemble ; au milieu du repas, elle s'est éclipsée dans la pièce du fond. J'appris plus tard qu'elle avait eu une hémorragie et qu'une inconnue l'avait aidée discrètement. Cette inconnue devint son amie. C'est à elle que Louise offrit l'une de ses premières toiles, reflets de ses sentiments, de ses rêves, de ses frustrations.

Louise s'inscrivit à l'un de mes stages résidentiels. Ce fut une semaine inoubliable. Y participaient cinquante personnes venues de divers horizons professionnels, des personnes sans profession, et dix malades en phase terminale. La moyenne d'âge était de vingt-huit ans. Louise découvrit tout à coup que ce monde était rempli de personnes remarquables, chaleureuses. Elle ne se sentait plus seule ; elle prenait conscience, pour la première fois, que les professionnels de la santé n'étaient pas froids intentionnellement, mais qu'ils étaient conditionnés et qu'on ne leur avait pas suffisamment appris à gérer leurs habitudes négatives. Elle réalisa qu'ils avaient, eux aussi, des peurs, de vieilles blessures non cicatrisées, des chagrins, de la culpabilité. Les mots mêmes de *cancer*, de *mort*, renforçaient leur besoin de nier, de refouler, d'éviter ces sujets-là.

Une ambiance sécurisante où chacun est accepté pour ce qu'il est fait fondre les peurs. Louise a vu des personnes *coincées* s'ouvrir, oser s'exprimer et se déployer comme le papillon sort de son cocon raide et froid. Il y avait les montagnes, l'air embaumé de l'odeur des fleurs sauvages ; elle savait que son cher fils habitait à proximité, qu'elle allait passer un moment avec lui et son petit-fils : tout cela approfondit le sens, amplifia la joie de ces cinq jours et cinq nuits vécus ensemble.

Le dernier soir, au coucher du soleil, nous avons allumé un feu. Cinquante étrangers désormais amis se sont assis en cercle ; ils ont entonné la chanson fétiche du stage: « *Wherever You Go, I Will Go*[1]. » Pendant le chant, un à un, chacun des participants s'est levé et, lentement, avec beaucoup de recueillement, a jeté une pomme de pin dans le feu. Il offrait symboliquement à la flamme un aspect de lui-même qu'il décidait d'abandonner pour toujours. Ce fut le début d'une révolution pacifique contre la négativité, amorcée par des êtres humains qui s'étaient sentis compris, acceptés. Ils avaient osé affronter la souffrance de l'introspection; ils avaient accepté de se libérer publiquement de ce qui les entravait, les empêchait de vivre pleinement; ils avaient décidé de servir leurs semblables d'une façon positive, créative, et d'accomplir leur destinée. A l'instar des autres participants, Louise partit rechargée, pleine d'un enthousiasme nouveau, certaine qu'elle ne serait plus jamais seule.

Lorsqu'elle retourna à son travail après le stage, l'ambiance était glaciale; un autre coup lui fut porté. A l'hôpital où elle travaillait en tant qu'assistante sociale, on jugea trop déprimant pour les malades de la voir en fauteuil roulant. Quoiqu'elle fût encore très investie dans son travail, on la mit à la retraite anticipée.

Elle ne s'autorisa pas pour autant à sombrer dans la dépression. Elle accepta ce qu'elle ne pou-

1. « Où tu iras, j'irai. » (N.d.T.)

vait changer, sans pour autant abandonner si facilement la partie. Peu à peu, les malades commencèrent à venir la consulter dans sa chambre d'hôpital, puis chez elle. En un rien de temps, elle mit en place dans son salon un cabinet-conseil absolument remarquable. Des malades en phase terminale demandaient à être conduits auprès de Louise, pour un conseil et, parfois, simplement pour le plaisir de voir son visage rayonnant, radieux, resplendissant.

A mesure que s'aggravait son handicap, Louise vivait plus intensément. Une carte postale, une lettre venant d'un ami rencontré lors du stage, des coups de téléphone, les visites de voisins, d'amis, la reliaient au monde extérieur. Un an passa. Lorsque la douleur devint intolérable, son médecin décida de tenter une cordotomie – opération consistant à sectionner certains faisceaux de la moelle épinière pour rompre les voies de la douleur et, ainsi, soulager. L'opération fut suivie d'un bref séjour, imprévu, en maison médicalisée ; période qu'elle occultera plus tard, et finira par « oublier ».

Mal et moi avons continué à lui rendre visite en ces jours critiques. Nous lui envoyions de petits cadeaux symbolisant notre relation : un petit ange de Noël en bois sculpté venant de Suisse, qu'elle suspendit au-dessus de son lit d'hôpital, un oreiller décoré de fleurs des Alpes, en provenance de mon pays d'origine. En mon absence, ces objets la réconfortaient ; elle pouvait s'y raccrocher.

Plus tard, un jour où elle avait « omis » de prendre ses médicaments, elle devint plus lucide et décida qu'elle ne voulait plus vivre ainsi. Elle en discuta avec ses enfants, avec ses amis, signa une décharge et sortit de la maison médicalisée. Elle s'installa dans le salon dont elle fit sa chambre. Sur le rebord de la fenêtre, les fleurs poussaient à profusion. A la place d'une chaise, on installa devant la fenêtre un lit confortable, ce qui lui permit de regarder ce qui se passait dans la rue. Elle était entourée de ses amis et de ses deux chiens.

C'est ainsi que Louise trouva, à ce moment de sa vie, le courage d'être elle-même. Elle ne sombra pas dans le désespoir lorsque ses enfants, incapables de la voir mourante, s'éloignèrent de plus en plus. Elle ne se laissa pas envahir par un flot de critiques acerbes lorsqu'on lui demanda de quitter son travail et l'hôpital où elle avait aidé tant de personnes. Lorsqu'on lui demanda d'abandonner son travail de conseil au moment où sa situation personnelle faisait d'elle la meilleure avocate de ses malades, elle ne s'effondra pas. Elle affronta chaque tragédie, les larmes aux yeux, certes, prise d'un désespoir passager, mais elle fit face. Elle nous confia toutes ses difficultés ; elle accueillit notre amour, nous demanda notre avis. Mais ce fut toujours seule qu'elle prit ses décisions ; elle choisit de gérer chaque situation à sa façon ; elle continua à servir chacun de ceux qui venaient la voir, à sa manière, si chaleureuse.

Lors de la visite suivante, elle ne pouvait plus se lever, mais elle pouvait encore parler ; ses confidences nous enrichirent. Une fois, que nous prîmes pour la dernière, elle nous demanda une urne pour ses cendres et nous montra où l'enterrer. Elle souhaitait que nous nous occupions du service funéraire. Louise nous faisait confiance ; elle nous offrit son amour.

Elle a peint jusqu'à ce qu'elle ne puisse plus s'asseoir dans son lit. Comme Beth avec la poésie, Louise a découvert ses dons de peintre les dernières années de sa vie. Elle peignait toutes sortes de motifs, d'un paysage aux représentations des guides par lesquels elle espérait être accompagnée lors du passage à une autre forme d'existence. L'été précédent, l'un de ses rêves était devenu réalité : elle fit une exposition de peinture à Baldwin Wallace College, son université, à Berea, dans l'Ohio.

Un hiver difficile et douloureux suivit, avec d'interminables tempêtes de neige, des avis de tourmente et des jours où les rues n'étaient pas dégagées, et personne ne pouvait venir lui rendre visite. Et la neige s'amoncelait. Les deux chiens restaient fidèlement à ses côtés ; elle passait des matinées entières à les regarder et se souvenait de la promesse qu'elle s'était faite de les faire endormir à jamais lorsqu'elle mourrait. On les enterrerait en même temps : ils la suivraient dans la mort et n'auraient pas à s'habituer à un autre maître.

De plus en plus, des jours entiers, Louise glissait dans des états de demi-conscience, de sommeil prolongé. Les femmes de ménage me dirent souvent que c'était la fin. Elles n'étaient pas préparées à la réalité qui se déroulait sous leurs yeux. Après ce long et difficile hiver, il semblait que Louise ne parvenait pas à abandonner son corps physique. Au téléphone et pendant mes visites, elle m'avait confié qu'il lui restait sur le cœur une situation inachevée, qu'elle ne savait identifier. Les séances à son chevet avaient mis en lumière une relation insatisfaisante avec sa mère âgée, qui n'habitait pas dans le même État.

Forte de mon expérience auprès de parents d'enfants mourants, j'encourageai Louise à inviter sa mère pour en discuter ; je l'incitai à l'accueillir, que sa mère soit disposée ou non à parler de la mort imminente de sa fille. Le jour où sa mère arriva, elle s'assit à son chevet en regardant de l'autre côté ; elle ne pouvait trouver les mots pour exprimer ce qu'elle ressentait. Elles restèrent ensemble toute la journée ; un échange s'était instauré.

Lorsque sa mère la quitta, Louise eut le sentiment de s'être dévoilée autant qu'elle l'avait pu en cette étrange circonstance.

Lorsqu'elle apprit, quelques semaines plus tard, que sa mère venait de mourir paisiblement chez elle, elle n'en fut pas désemparée. Ainsi s'achevait un autre chapitre de la vie de Louise.

« A son arrivée, je crois que ma mère a enfin compris que j'étais trop malade pour quitter mon lit et aller en Californie. Mais, fidèle à sa nature, elle n'a tout de même pas su résister à l'envie de dire à "mes filles", aux personnes qui s'occupaient de moi, qu'elles me gâtaient, qu'elles en faisaient beaucoup trop.

« Ce soir-là, elle évita mon regard, esquivant ainsi la possibilité d'un échange véritable ; elle me tourna le dos la plupart du temps ; j'avais l'impression qu'elle ne s'autorisait pas plus d'une visite d'une demi-heure par jour, le matin, pendant laquelle nous n'abordions pas les sujets importants. Peu m'importait ! Je crois que le travail qui me restait à accomplir avec elle l'a été. Je me sentais à jour ; je pouvais dès lors me montrer aussi sociable et charmante avec elle qu'avec un autre invité.

« Au moment de sa mort, peu après sa visite, nous avons appris qu'elle n'avait même pas modifié son testament : la plus grande part revenait à son frère, ce qui était normal, mais un tiers de ce qu'elle laissait était pour son neveu qui ne l'avait jamais vue et ne s'était jamais soucié d'elle. A ceux qui l'avaient entourée et s'étaient occupés d'elle, elle ne laissait rien. Elle est restée une énigme pour nous tous jusqu'à la fin. »

J'ai proposé à Louise de commencer à mettre par écrit quelques-unes de ses expériences, de façon à vérifier s'il lui restait des tâches encore inaccomplies, des peurs inexprimées, un aspect de sa vie qu'elle ne pouvait se résoudre à lâcher. Ce « lâcher prise » est fondamental pour en arriver à accepter de mourir.

L'indépendance financière était pour Louise un souci majeur. Elle avait conscience d'avoir assez d'argent pour quelques semaines encore, mais, passé ce délai, il lui faudrait retourner dans une maison médicalisée et redevenir dépendante. Cette pensée lui était intolérable. Elle voulait hypothéquer sa maison, envisagea de vendre ses toiles, réfléchit à toutes les possibilités de ressources qui s'offraient à elle avant de prendre la décision d'accepter l'aide sociale et l'admission en maison médicalisée si elle ne pouvait pas faire autrement.

Pour cette femme, autonome avant tout, qui avait passé un demi-siècle à vivre debout, c'était une solution difficile, douloureuse. Mais elle accepta cette réalité ; elle pleura la perte prochaine de son indépendance. Elle mit une dernière fois ses affaires en ordre, offrit un cadeau à l'un ou à l'autre : une bague à quelqu'un qu'elle aimait, un tableau à qui l'avait mérité, estimait-elle. Elle écrivit quelques petits mots à des personnes désespérées, et des lettres de remerciement à ceux qu'elle avait appréciés sans le leur avoir dit suffisamment.

Elle m'écrivit ses pensées, ses épreuves récentes :

> *Je veux vous confier mon inquiétude d'avoir été si abrutie par les médicaments. Si* droguée *que je n'ai pas vraiment eu conscience d'avoir donné mon accord par écrit pour l'opération, ni d'avoir signé l'acte de vente de la maison. A l'hôpital, ils savent certainement que les médications lourdes agissent de manière différente sur le comportement de chacun. Un médecin insista sur le fait que, lors de sa visite, j'étais consciente d'avoir eu des moments d'absence. Il persistait à dire que je savais ce que je faisais, ce que je disais. Si c'est vrai, comment se fait-il que je ne m'en souvienne plus ? Où se situe l'étroite limite entre surmédication et reconnaissance qu'un même dosage provoque des effets variables d'une personne à l'autre ? Chez le dentiste, une seule piqûre de Novocaïne suffit à*

me faire planer. Pourquoi un antalgique ne provoquerait-il pas le même effet chez moi ? Comment, alors, rester responsable de ses actes ?

A propos de ma maison. Dès que j'ai eu l'esprit assez clair pour me rendre compte que je me trouvais en maison médicalisée, j'ai réussi à faire marche arrière et à rentrer chez moi. Revenir à la maison plutôt que rester dans une chambre, entre une personne sénile et un parking vide, m'a ressuscitée : j'en suis profondément convaincue. Mes deux chiens m'ont réservé un accueil véhément. Leur affection débordante fut pour moi le meilleur médicament qui soit. Pour aides à domicile, j'avais de bons amis, des voisines, et de temps en temps, une infirmière ou une jeune fille au pair. Il y avait de la chaleur. C'était chez moi. Cela m'incitait à régler mes affaires moi-même, autant que possible. Si besoin était, quelqu'un pouvait m'aider à tenir mes comptes, à réfléchir aux événements passés. J'ai dû réapprendre à écrire et à compter. Peu à peu, c'est revenu. Je suis fière des plans de travail que nous avons établis et réalisés selon les prévisions. Je suis une femme active : cela a donné un but à ma vie. Je sens que j'enseigne mes aides, au fil du temps ; elles seront bientôt assez expérimentées pour seconder d'autres personnes, un de ces jours. Qui plus est, elles savent maintenant vers quelle profession se diriger.

Ce soutien me donne une raison de vivre, il donne sens à ma vie. Quelle différence entre vivre ainsi et être traitée comme une invalide dont on attend la mort d'un jour à l'autre !

Je regrette de n'avoir pas annoncé plus tôt à mes amis que j'avais un cancer. Leurs prières m'auraient soutenue. Je suis allée voir un guérisseur ; cela m'a fait prendre conscience de la présence du Christ dans ma vie ; avant que je quitte mon travail, cette rencontre a modifié ma pratique vis-à-vis des malades que je recevais et de leur famille. Ainsi s'est fondé le petit groupe de prière, très intime, si important pour moi depuis que je suis à la maison.

Nos entretiens téléphoniques avant votre départ pour l'Australie, Elisabeth, m'ont poussée à relever un défi : accepter que la mort ne soit plus la première de mes préoccupations. Pendant quelques jours, certains événements de ma vie m'ont troublée. Des amis qui m'avaient vue après mon hospitalisation ont suggéré que j'avais dû me révolter contre Dieu et contre ma foi ; tempêter tant et plus contre l'injustice du sort. Ils n'avaient pas le sentiment que je me résignais à ce mal. Au travers de ce qu'ils me racontaient, j'en ai déduit que je devais maintenant être en paix avec Dieu. Et, quoique je n'aie aucune envie de rester grabataire, pour la première fois, je me suis sentie en paix.

Quelque temps plus tard, j'ai eu l'étrange sensation que je pourrais m'asseoir de nouveau dans un fauteuil roulant, et même me tenir debout. D'abord, Elisabeth, mon idée de remonter du sous-sol le fauteuil roulant était excellente ; je voyais très bien comment me glisser du lit au fauteuil à l'aide d'une planche recouverte de papier adhésif. Ce système se révéla parfait : il me permit de peindre à nouveau devant une table.

Puis un jour, après une réunion de notre groupe de prière, j'ai su que je pourrais me tenir debout. Et c'est arrivé ! Je suis restée debout ; brièvement ; avec mon déambulateur, mais j'étais debout !

J'ai eu, depuis lors, une rechute accompagnée de douleurs musculaires inflammatoires et de souffrances dues à des ballonnements d'estomac. Mais je sais que je me tiendrai debout de nouveau et que je m'assiérai encore dans mon fauteuil.

Dimanche 7 mai 1978, 3 heures du matin : j'ai été tirée du sommeil. Allongée dans mon lit, je me demandais ce qu'il m'arrivait lorsqu'une sensation de bien-être généralisé envahit tout mon être ; et je reçus le message suivant : « Tu guériras. » Je l'ai dit à ma garde de nuit, mais elle était trop endormie pour me répondre. Le matin, au moment où je le répétais à la garde de jour qui venait prendre le relais, elle m'a répondu : « Oui, vous me l'avez dit, je m'en souviens. »

Je me souviens de l'avoir répété plusieurs fois, de façon qu'elles puissent en témoigner plus tard. J'avais l'impression que c'était très important pour elles. Je me sentais si bien, pleine de vigueur, en bonne santé, au point que j'avais l'impression de pouvoir me lever et marcher. La prudence seule, et non la peur, me retint de tenter l'expérience. Je voulais éviter une deuxième rechute. Mais le sentiment global était que ce ne serait plus long.

Pour mémoire, sachez que mon sein est désormais guéri ; quant à mon asthme, il y a longtemps qu'il ne s'est plus manifesté, je m'en rends compte aujourd'hui.

Comme j'aimerais que les médecins comprennent l'importance de leurs visites ! Puisque j'ai refusé la chimiothérapie ainsi que tout autre traitement, ils ne peuvent peut-être plus rien pour moi. Mais je paierais cher pour entendre un homme de l'art me dire que je vais bien. C'est effrayant d'avancer seule sur ce chemin-là. A chaque changement, on se demande si le cancer s'est développé. Alors que si j'étais en traitement, je serais suivie régulièrement. Sur ce chemin-là, on se sent tellement isolé ! Ils font vraiment comme s'ils ne me connaissaient pas. Est-ce possible, même avec des honoraires à la clef ? J'ai éclaté en sanglots incontrôlables lorsque mon médecin a fini par venir. Une telle souffrance simplement due à des gaz ! Mais croyez-moi, rien n'est simple *chez une personne atteinte d'un cancer. Elle reste toujours anxieuse : elle en sait si peu !*

Après en être arrivée à la conclusion que je n'allais plus mourir, je me suis dit : « Bon sang, je vais commencer à vivre ! » Un nouvel élan anime ma peinture, entre autres activités. Mais alors, il me faudrait reconsidérer les choses, et notamment sur le plan financier : voir comment couvrir mes dépenses. Si je n'avais plus besoin de payer quelqu'un pour m'aider, je devrais pouvoir gagner de quoi vivre. La solution s'imposera peut-être en temps voulu.

Vous me demandez ce que je crois à propos de la vie après la mort. Cela n'a pas changé. Notre rencontre n'a fait que me confirmer ce que je crois à ce sujet, Elisabeth. J'ai toujours pensé que j'avais déjà vécu sur cette terre ; que j'y étais revenue pour accomplir une tâche laissée en suspens, ou transmettre un message pour lequel j'ai été préparée. Je me sens bien avec Cecelia et Gentry, mes guides ; j'attends le moment où nous allons nous retrouver pour nous exercer encore, après ma mort physique. Je crois profondément que nous continuons à grandir, ici-bas et dans l'au-delà, jusqu'à ce que nous soyons dignes de demeurer en Sa présence, en présence de La Source. Je suis sûre que nous retrouverons ceux que nous aimons et que nous resterons ensemble un moment. Aussi longtemps que nécessaire. Et, lorsque nous serons prêts à acquérir une connaissance nouvelle, nous serons incités à le faire lors de notre nouveau temps sur terre.

Je suis intriguée par les amis que j'ai depuis mon divorce : mon choix est fort différent, et la route sur laquelle nous cheminons ensemble, passionnante ; les relations sont honnêtes et vraies. Je me sens très privilégiée. Je crois profondément que nous avons été placés sur terre pour servir de mains et de pieds au Seigneur, pour accomplir le travail qu'Il ne peut plus accomplir. Il est mort pour nous donner la vie, pour que nous Le servions et rendions le monde meilleur. »

Lorsque fondit la dernière neige et que les premières fleurs apparurent, Louise prit conscience que son ventre gonflé commençait à désenfler, et que son sein, devenu si laid, commençait à guérir. Ce nouveau bien-être fut pour elle une surprise renversante. Peu à peu, elle s'assit de nouveau dans son lit, elle se remit à peindre et, au mois d'avril, elle se leva ; elle put passer du lit au fauteuil roulant. Elle pouvait approcher sa toile du lit, sortir ses pinceaux ; elle reprit une activité à temps partiel, ce qui eût été inconcevable quelques mois plus tôt.

Début mai, Louise me téléphona ; elle me déclara d'une voix forte et joyeuse sa conviction d'être sur la voie de la guérison. Pour la première fois depuis des mois, elle pouvait de nouveau se tenir debout. Elle n'avait plus ni peur, ni culpabilité, ni affaire en suspens. Ce qui lui permettait de concentrer son énergie sur la guérison de son corps physique.

Nous ignorions à l'époque si c'était la guérison d'une tumeur maligne non traitée ; ou plutôt, considérée comme non traitée du point de vue des connaissances actuelles médicales, scientifiques. Qu'importe ! Pour nous tous, qui la connaissions et l'aimions, sa force était un exemple ; elle était l'illustration du courage que peut déployer une personne malade déterminée à maîtriser sa maladie et son existence sur la terre.

Louise avait reçu tout le soutien spirituel et émotionnel possible.

Avec ce que nous avions appris en accompagnant d'autres personnes, nous avons pu l'aider à dissiper sa négativité, à venir à bout de l'inaccompli qui l'accompagnait dans cette vie. Elle a ainsi pu se libérer de la peur, de la culpabilité, de la honte, du remords.

Il est reconnu qu'en chaque être humain coexistent quatre aspects distincts : l'aspect physique, émotionnel, intellectuel, spirituel. Nous vivons en bonne santé lorsqu'ils sont tous quatre en harmonie. Jusqu'à aujourd'hui, la médecine s'est occupée presque exclusivement de l'aspect physique de la vie, en négligeant le reste. Pour Louise, nous avons inclus la guérison spirituelle et émotionnelle.

Son intelligence, sa sagesse, sa connaissance intuitive lui ont permis d'accéder à l'harmonie et d'accepter ses derniers jours avec dignité.

*

Lettre de Louise à Mal Warshaw, écrite fin mai 1978, deux mois avant sa mort :

... Quelques pages à votre intention, pour compléter les lacunes de l'histoire de ma vie. Née à Cleveland de père allemand et de mère anglaise, nous étions trois enfants et j'étais la benjamine ; je tiens de mon père l'amour de la nature et le goût de la lecture. Je me suis mariée à vingt et un ans et, comme beaucoup d'épouses de militaire, j'ai suivi mon mari dans ses différents postes à travers tout le pays, jusqu'au jour où il a été envoyé en Amérique du Sud pendant la Seconde Guerre mondiale. Notre première enfant est née en 1944. Cette petite fille n'a pas vu son père avant l'âge d'un an. J'ai élevé mes enfants comme je le devais jusqu'au moment où j'ai pu glisser dans mon emploi du temps des cours du soir proposés par une université proche de mon domicile. C'est alors que le monde s'ouvrit pour moi. Un pasteur remarquable et compréhensif me donna une formation de visiteur bénévole ; ce fut en fait ma formation initiale de travailleur social à l'hôpital.

Pendant les vacances, nous partions en camping : à nouveau en plein air, au contact de la nature. Mon mari connaissait bien la faune et la flore ; il amplifia mon amour de la nature. Je lui dois tant pour tout ce qu'il m'a appris ! Au point que lorsque j'ai su que j'avais un cancer, ce fut la seule chose qui me soutint ; j'ai tant essayé de regarder, de respirer les odeurs, de sentir tout ce que je pouvais, tant que j'étais encore en vie, et avant d'être clouée au lit. Je voudrais tellement le remercier de tout ce qu'il m'a fait découvrir ! Mais cela n'a jamais été facile de le remercier de quoi que ce soit – il coupait court – et, depuis notre divorce, c'est devenu encore plus difficile car, comme on dit, il appartient à quelqu'un d'autre, et je ne voudrais pas que mon geste soit mal interprété.

J'ai suivi des cours, de manière plus ou moins régulière, au Baldwin Wallace College ; des cours du soir, tout d'abord, puis des amis m'ont soutenue, financièrement et psychologiquement, et aidée à finir les deux dernières années. En 1972, j'ai obtenu ma licence de sociologie, avec une spécialisation en psychologie. Cette formation m'a permis de travailler en tant qu'assistante sociale à l'hôpital. J'ai eu l'honneur d'y fonder le premier service social, dont je suis devenue directrice. J'ai vite appris que médecins et familles de malades cherchaient des subsides pour leurs besoins immédiats ; cela devint la spécialité du service de rassembler les fonds. Nous assurions aussi le suivi des malades après leur départ, en coordination avec le planning.

Ce service semblait prématuré aux membres de l'administration qui n'avaient jamais travaillé avec une assistante sociale. Mais ceux qui avaient déjà eu affaire à l'une d'entre elles ont contribué à faire de ce poste une fonction merveilleuse, à mi-chemin entre travail social et travail spirituel. La situation était idéale – faite pour moi. Imaginez alors ma déception lorsque je cessai de pouvoir assurer ce travail ; et, le temps passant, le cancer des os était devenu trop douloureux pour que je puisse sortir tous les jours.

Lorsque j'ai appris que j'avais une deuxième tumeur, j'ai spontanément réagi de manière classique. On m'avait enlevé la première, à l'autre sein. Après cette intervention, je me sentais bien à l'hôpital : je rendais visite à mes patients en robe de chambre, j'accomplissais mon travail d'assistante sociale. Les infirmières et les médecins me soutenaient beaucoup. Une fois rentrée chez moi, je pris conscience que sans le soutien de toute l'équipe, je ne pourrai jamais affronter une masectomie. Mon mari ne voulait pas voir la minuscule cicatrice de l'ablation de la tumeur et je me sentais très seule. L'année suivante, je lui ai fait part du compte rendu médical que je venais de recevoir, m'annonçant la présence d'une deuxième tumeur. Il ne pouvait supporter de me voir pleurer dans le rocking-chair. Il regardait les publicités à la télévision et s'est replongé dans la lecture de son magazine, sans jamais me prendre dans ses bras, sans chercher à me rassurer ni à me consoler. C'est à ce moment précis que j'ai décidé de divorcer plutôt que de vivre en colère et pleine de ressentiment envers cet homme. Il m'a fallu beaucoup de temps pour réaliser qu'il ne pouvait assumer de telles nouvelles. Je n'avais pas respecté ses besoins.

Je ne suis pas allée voir le chirurgien, comme me l'avait recommandé mon médecin. Mais lorsque, cet hiver-là, j'ai attrapé la grippe, il a su que j'avais refusé de me faire hospitaliser. Je ne voulais pas que mon cancer figure sur mon dossier médical : la tumeur était maintenant d'une taille supérieure à celle d'une pièce d'un demi-dollar[2]*. Lorsque mon médecin a finalement vu la tumeur, je lui ai demandé de ne pas me donner de faux espoir. Il s'est tassé dans son fauteuil et a simplement dit : « Madame D., il n'y a plus aucun espoir ; la tumeur va probablement échapper à tout traitement très bientôt. » Il s'était montré si gentil que j'avais accepté d'essayer la chimiothérapie ; j'avais acheté le jour même les médicaments prescrits. Comme j'attendais du monde pour le week-end, j'avais décidé de commencer le traitement le lundi. Le vendredi soir, j'allais me mettre à peindre, comme d'habitude, mais au lieu de mettre la radio et de danser, de chanter en peignant, j'ai mis le* Messie *de Haendel. Et, pendant que je peignais, j'ai soudain* senti *ce message irrésistible : « Ah ! Non alors ! Pas ce traitement ! » J'ai appelé un ami*

2. Taille équivalente à une pièce de cinq francs français. (N.d.T.)

psychologue pour lui demander son avis sur ce qui m'arrivait. Nous nous sommes accordés à penser que c'était là ma réaction viscérale, et que c'était elle qu'il fallait écouter.

Le lundi, j'ai expliqué à mon médecin pourquoi je n'allais pas suivre le traitement. Il s'est contenté de hocher la tête tristement. Son propre père avait un cancer et demandait à se passer de traitement. Espérons qu'à nous deux, nous réussirons à faire comprendre à ce médecin ce que les malades ressentent.

Lorsque l'on travaille dans un hôpital, on apprend vite que la mort n'est pas réservée aux personnes âgées ; qu'il n'y a pas d'équité devant la maladie. Je ne crois pas avoir jamais atteint le stade du : « Pourquoi moi ? » J'en ai vu tant pour qui cette question demeurait sans réponse ! Je n'ai jamais eu peur de mourir : j'avais l'impression que je reviendrais chez moi, si bien que la mort a toujours été pour moi un lieu que je ne comprenais pas entièrement, mais un lieu amical.

Par quelques dépliants envoyés aux chefs de service, à l'hôpital, j'avais appris l'existence du stage d'Elisabeth Kübler-Ross : « Vie, mort, passage », qui devait avoir lieu à Sylvania, dans l'Ohio. J'y suis allée ; j'étais la seule personne présente à être atteinte d'un cancer. J'avais déjà lu son livre Vivre avec la mort et les mourants.

Quand je repense à ce premier stage, je me souviens qu'Elisabeth m'a offert son soutien effectif et paisible, alors que tous s'évertuaient à me persuader de me faire opérer ; elle me demanda comment elle pouvait m'aider, quelle que soit ma manière de gérer le cancer. Nos regards se sont rencontrés lorsqu'elle a parlé de la vie après la mort : nous nous sommes comprises car nous savions toutes deux que nous étions déjà passées par là. A partir de ce moment-là, nous sommes devenues comme deux sœurs.

Après ce stage avec Elisabeth, j'ai lu presque tous les livres qu'elle recommandait. Ils ont confirmé ce que je ressentais et m'ont rendue impatiente de découvrir ce qui m'attendait ; je crois en effet en une vie qui continue pour chacun d'entre nous.

J'ai peint un tableau d'après le dessin que j'avais fait pendant le stage, et je l'ai vendu 300 dollars à mon avocat.

Elisabeth est devenue une amie précieuse ; elle partage beaucoup de mes convictions. Sa vision de l'avenir, si belle, m'a éclairée. Elle est venue au moment des pires douleurs, sans se soucier de son propre emploi du temps ; elle me fut d'un immense soutien tout au long des différentes étapes de la maladie.

Le stage, et la lecture des livres, m'ont incitée à en parler à mes amis les plus proches. J'ai pu leur dire mon exaltation, mon émerveillement, mes réflexions. Un monde entièrement nouveau s'ouvrait pour moi : une pensée, une conscience *nouvelles, plus profondes que jamais sur la vie après la mort. Il était excitant d'imaginer à quoi cela pourrait ressembler, et, dans la perspective de la réincarnation, la pensée de la mort prenait une autre dimension. La peur de l'inconnu n'existait plus, remplacée par la certitude d'y avoir déjà été, l'évidence d'une vie sans fin. Je ne pouvais en parler à mes patients, mais comme j'étais désormais accordée à un nouveau diapason, il m'était devenu possible d'*entendre *ce que je n'*entendais *pas auparavant. J'*entendais *les patients qui partageaient mes convictions ; leur regard lorsque nous nous disions au revoir m'a convaincue qu'ils savaient aussi bien que moi que nous allions nous retrouver.*

L'année dernière, après l'une de ses visites, Elisabeth me dit qu'elle aimerait m'offrir un cadeau ; qu'elle souhaitait m'inviter à passer la soirée avec les amis de son groupe de recherche sur la vie après la mort. J'ai passé la nuit chez eux ; ces quelques heures furent essentielles. C'est là que j'ai eu le privilège rare, unique, de rencontrer mes guides spirituels, mes compagnons d'âme, Gentry et Cecelia. Ils m'ont permis de les toucher, puis m'ont accompagnée dans une pièce à part – sans l'aide de mon déambulateur – pour un entretien privé : ils ont répondu à toutes mes questions sur la vie avant la vie, sur l'au-delà.

Il s'est établi entre nous trois une relation chaleureuse et pleine d'amour. J'appris à ce moment-là que c'était Cecelia qui m'aidait à peindre. Je n'avais jamais tenu un pinceau avant 1973 et, s'il m'arrivait de dessiner, ce n'était que des personnages en bâtons. J'avais reçu comme cadeau de Noël une mallette de peintre, et m'étais inscrite à quelques cours du soir. Je me suis mise alors à peindre des tableaux de toutes sortes, sans thème de prédilection particulier. Des portraits aux paysages, rien ne m'était impossible.

Tom, l'aîné de mes trois enfants, a été le plus proche de moi pendant ma maladie. Avec son expérience de la mort au Viêt-nam, le fait qu'il l'ait lui-même frôlée, il m'était plus facile de lui parler de ma maladie et de ma mort imminente. Pendant mon hospitalisation, c'est lui qui s'est rendu le plus disponible et j'ai senti le poids des décisions qu'on lui demandait de prendre pour moi. En ce qui concerne la vente de ma maison et mon départ en maison de retraite médicalisée[3]*, par exemple : il apprit plus tard que je n'en avais plus le moindre souvenir, même si nous en avions longuement discuté à l'hôpital. C'était un lourd fardeau, qu'il n'a pas esquivé, d'autant plus lourd que nous n'en n'avions pas discuté au préalable. Puis son frère Paul a pu se libérer et le relayer de temps en temps lorsque j'étais à la maison*

3. Voir note 3, page 33.

de retraite. Ce fut pour tous deux une expérience déchirante. Contrairement à Tom, Paul n'avait jamais eu à affronter la mort d'un être aimé ; j'étais si abrutie par les médicaments que je ne le reconnaissais pas, et cela lui brisait le cœur. Nous étions très proches les uns des autres, et ce fut une expérience difficile pour les enfants – celle de me laisser en maison médicalisée, surtout. Ma fille avait des problèmes personnels, que nous ignorions ; elle a laissé ses frères s'occuper de moi. Tom est resté à mes côtés jusqu'à ce que je rentre chez moi et que je puisse compter sur un relais efficace pour m'aider.

Lors de l'une de ses nombreuses visites, comme elle le faisait toujours, Elisabeth m'a demandé si elle pouvait faire quelque chose pour moi. Je pensais à mes funérailles, et la seule chose qui restait à régler était l'urne pour mes cendres. Elisabeth voyageait dans tant de pays, tant de lieux exotiques que, j'en étais persuadée, elle trouverait sûrement l'urne qui me conviendrait. Qui plus est, à quelle amie plus proche, plus chère à mon cœur, aurais-je pu demander une telle faveur ? C'était comme si elle m'avait donné la main tout au long du chemin. Dès le début, à chaque étape de ma croissance, que ce soit pour mes patients ou pour moi-même, elle fut notre recours. Ce fut un privilège qu'elle prenne le temps de choisir et d'acheter cette urne pour moi.

A force de trébucher, de lutter pour accepter mon sort, j'avais tellement changé que j'en étais arrivée à pouvoir parler calmement avec mes amis du dernier point à régler : cette question de l'urne funéraire. Je me suis sentie libre de demander à Elisabeth de me l'acheter. C'est ça, l'amitié !

*

Louise mourut en juillet 1978. Le 22 juillet, lors de ses funérailles, Elisabeth Kübler-Ross nous offrit les paroles que voici :

« J'ai fait à Louise une dernière promesse : celle d'être ici aujourd'hui, pour vous révéler le sens qu'elle a donné à sa maladie, le sens de ses derniers mois, si inattendus, si particuliers, à l'image de Louise, particulière, unique.

« Elle est devenue symbole, exemple de ce que signifie, pour un être humain, faire usage de son libre arbitre.

« Elle ne s'est pas contentée de se mettre au service des malades auxquels elle rendait visite pour la paroisse et de ses patients de l'hôpital ; elle a pris aussi la décision, et ce n'était pas si facile, d'accepter le diagnostic de cancer et de *vivre avec*. Elle l'a accompagné, au sens propre du terme : elle a aimé son corps ; elle a fait le choix de ne pas se faire opérer. Louise a dépassé, et de loin, tous les pronostics médicaux et scientifiques. Il ne s'agit pas seulement d'espérance de vie quantitative : quoiqu'elle ait refusé tout traitement conventionnel, c'est par ce qu'elle a fait de ce *bonus de vie* qu'elle est un exemple pour nous, pour ceux qu'elle a rencontrés et touchés, pour ceux qui, par milliers, seront touchés par l'histoire de sa vie.

« Au lieu de devenir amère lorsqu'elle fut mise à la retraite prématurément, elle reçut les personnes qui en avaient besoin, des malades pleins de frayeurs. Ce fut une bénédiction.

« Au lieu d'ajouter la chimiothérapie à une opération chirurgicale et à une radiothérapie, elle fit appel à son énergie interne, positive, à l'amour, à son propre pouvoir de guérison, pour contrôler la croissance de la tumeur.

« Au lieu de se laisser décourager, déprimer par son incapacité à se mouvoir, elle arrangea sa maison de façon à pouvoir se débrouiller et à y rester jusqu'au bout, devenant ainsi source d'inspiration pour tous ses visiteurs.

« Au lieu de se laisser hospitaliser, de se retrouver en maison de retraite médicalisée, sous sédatifs, dépendante, elle signa une décharge et se mit à peindre, chez elle ; elle vécut assez longtemps pour voir ses œuvres exposées et les offrir en partage à ceux qu'elle aimait.

« Son existence fut une bénédiction pour certains ; et ce fut une bénédiction pour elle d'avoir été entourée de ses enfants, d'amis, de voisins qui ne l'avaient pas abandonnée ; de ces femmes si chaleureuses qui lui ont prodigué les derniers soins à domicile. Elles n'ont pas assuré seulement les soins physiologiques : elles ressemblaient plutôt à des anges gardiens l'entourant d'amour et de tendresse ; compétentes, réconfortantes, elles veillaient à satisfaire tous ses besoins. Qu'elles soient remerciées pour cet exemple d'amour inconditionnel !

« Louise est morte comme elle a vécu : croyante convaincue, en lien direct avec ses guides spirituels, elle attendait avec impatience le moment de passer à une autre vie. Elle a repoussé l'échéance de sa mort assez longtemps pour pouvoir lire, dans le manuscrit de ce livre, le chapitre la concernant. Lorsque je me suis assise à son chevet, elle a approuvé ce texte ainsi que la couverture de l'ouvrage, avec la photographie de son visage radieux[4]. Elle savait qu'il serait publié à Noël et qu'il deviendrait le testament de sa lutte vaillante, le cadeau qu'elle offrait au monde, un exemple d'acceptation véritable pour les autres comme pour elle-même : l'acceptation de *tout* son être, sous chacun de ses aspects : intellectuel, émotionel, spirituel, phy-

---

4. La couverture de l'édition originale, publiée en 1978.

sique, y compris le cancer dont elle était atteinte.

« A chacun d'entre vous ici rassemblés, je voudrais confirmer, en son nom, que votre existence lui fut une bénédiction, de même que son existence fut une bénédiction pour nous tous. »

SOLUTIONS ALTERNATIVES AUX SOINS HOSPITALIERS

Jack

Jack avait soixante et onze ans ; il était atteint d'un cancer du foie, aggravé d'un œdème et d'ulcères des membres inférieurs, avec, désormais, des troubles de la marche. Il traînait une longue histoire d'alcoolisme. Une vie rude et difficile à bien des égards. Jack avait été gardien d'immeuble et ouvrier dans le bâtiment. Il venait de perdre son fils, mort d'un cancer du poumon deux jours avant ma première visite, à St Rose's Home, à New York : une maison de soins pour personnes atteintes d'un cancer incurable, tenue par les dominicaines d'Hawthorne. Jack y avait été admis en juillet 1976, après un séjour dans un hôpital de New York, où on ne lui donnait plus que deux semaines à vivre.

Il était arrivé à l'hôpital dans les pires conditions : dans un état physique, émotionnel et spirituel complètement délabré, il portait sur la vie un regard très appauvri. Agnès, sa deuxième femme, lui rendait régulièrement visite à l'hôpital ; elle n'espérait plus pouvoir profiter longtemps encore de la présence de son mari. Pourtant, une fois admis à St Rose's Home, Jack se mit à aller mieux. On lui servait des repas à heures régulières et les sœurs l'incitaient à changer de style d'existence, à retrouver le goût de la vie ; elles l'entouraient de toutes les manières possibles. Sous antalgique majeur et grâce à ces soins attentionnés, il retrouva peu à peu l'envie de se lever de son lit et de reprendre des activités. Bien que l'on serve de l'alcool et de la bière à St Rose, il se surprenait lui-même à boire modérément et à prendre des repas sains à heure régulière.

Lorsque j'ai parlé avec Jack, j'ai été frappée par cet homme qui avait l'air d'aller si bien quoique incapable de se mouvoir sans aide. Il était assis dans un fauteuil roulant, il paraissait ouvert, amical et semblait fier. Il me montra la maison de poupées qu'il avait commencé à construire. Ces maisons l'occupaient, l'absorbaient et faisaient la joie de beaucoup d'enfants. Il s'était installé dans l'atelier d'ergothérapie de St Rose : une pièce aux grandes fenêtres fleuries, avec vue magnifique sur le fleuve. La table étaient encombrée de petits pots de peinture et de tout un bric-à-brac.

Les maisons de poupées de Jack étaient impressionnantes de réalisme ; il veillait à ce que tout fonctionne dans ses maisons, jusqu'au moindre détail : l'ouverture des fenêtres, l'électricité... Et les rampes d'escalier étaient sculptées à la main.

Jack n'avait pu développer ce nouveau don que la dernière année ; il disait avec un brin de modestie que ce n'était pas difficile à faire après avoir travaillé si longtemps dans le bâtiment, après avoir vu se construire tant d'immeubles. Il se remémorait chaque détail des maisons qu'il avait contribué à bâtir, et les recréait de mémoire pour des personnages miniatures.

Certains beaux jours, sa femme le ramenait chez eux en fauteuil roulant. Ils revoyaient comme si c'était hier son arrivée à St Rose, quelques années auparavant ; on ne lui avait donné que deux semaines à vivre et il n'avait pas la moindre idée qu'il était atteint d'un cancer : « Je croyais ma jambe atteinte de gonorrhée, et mon médecin me disait qu'il me donnait un traitement pour la goutte. » Les religieuses lui avaient-elles avoué la vérité ? Non : « Elles ont dit à ma femme : si vous le voulez, dites-lui la vérité. Nous, nous ne lui dirons rien. »

Jack me confia combien il lui avait fallu de temps pour comprendre qu'il avait un cancer. Il n'en était conscient que depuis huit mois :

« Tous ceux qui viennent ici ont un cancer, alors pourquoi pas moi ? » C'est alors qu'il commença à travailler le bois. Avec une si grande expérience dans le bâtiment, l'électricité, la plomberie et la couverture, cela lui ouvrait d'autres perspectives et lui permettait de donner un but à sa vie. Selon ses propres termes : « Quand j'ai l'idée d'une maison, je m'y colle et la bâtis jusqu'au bout. »

Jack avait eu deux enfants, un fils et une fille, mariés tous deux. Lors de ma première visite, il s'apprêtait à se rendre aux obsèques de son fils, disparu deux jours plus tôt. Il espérait y rencontrer sa petite-fille, qu'il ne connaissait pas. Il supposait qu'un préjugé défavorable envers les malades retenait les adultes d'emmener les enfants dans un lieu comme celui-ci. Lorsque je lui demandai son opinion à ce sujet, il me répondit avec un large sourire : « J'ai détesté l'autre hôpital, non seulement parce qu'ils avaient abandonné tout espoir à mon sujet et m'ont dit qu'ils ne me donnaient pas plus de deux semaines à vivre, mais surtout parce que c'était un lieu tellement horrible que je n'y aurais jamais convié personne, ni adulte, ni enfant. Les visiteurs auraient gardé le souvenir d'un lieu épouvantable auquel ils auraient désormais associé la maladie en phase terminale. Ici, c'est tout différent ! Oui, j'aimerais beaucoup que mes enfants viennent nous voir ici ! »

Comment occupait-il son temps lorsqu'il ne travaillait pas à la construction de maisons de poupées et ne rentrait pas chez lui pour un bref week-end ? Il arrosait les plantes des malades qui ne quittaient plus leur lit, me confia-t-il avec fierté : c'était l'une de ses attributions à St Rose. Il avait ainsi des journées bien remplies.

Je fus particulièrement étonnée d'apprendre que, dans cet établissement, hommes et femmes vivaient séparément et ne partageaient pas même les repas. Un jour où je venais y faire une visite à l'heure du déjeuner, je fus stupéfaite de voir chaque homme manger seul à sa table : Jack m'en donna une brève explication : « Oui, c'est vrai, nous mangeons tout seuls dans notre coin. Au début, lorsque je suis arrivé, j'ai noué de nombreuses relations d'amitié avec les autres malades. Hélas ! beaucoup d'entre eux sont morts rapidement. Au bout d'un moment, je me suis rendu compte qu'il valait mieux que je reste seul, ne serait-ce que de temps en temps, de façon à ne pas trop m'attacher aux autres ; pour éviter de passer mon temps à dire au revoir.

« Ici, lorsque quelqu'un meurt, nous le savons : les sœurs ferment sa porte. Je ne veux pas dire au revoir lorsque quelqu'un meurt. Non, ce n'est pas que cela m'angoisse, ni que j'aie peur. J'espère qu'il existe un *étage supérieur*... Je ne suis pas si bon ! A mon arrivée, je n'étais pas vraiment un homme bon. Les sœurs sont des anges : elles ont fait de moi un homme bon. Tout en me soignant, elles ont prié avec moi ; elles m'ont demandé si je voulais me confesser, et j'y suis allé. Apparemment, c'était le moment. Dans l'autre hôpital, je n'aurais pas voulu recevoir de visites. Ce n'était pas un lieu agréable. C'était très déprimant. Je ne voulais ni y vivre, ni y mourir.

« Mais ici, c'est beau. Lorsque quelqu'un meurt, les sœurs ferment la porte et personne n'en parle. Certains malades arrivent et partent en l'espace de quelques semaines, et je ne veux pas les connaître. Je l'ai fait, au début. Mais j'ai perdu trop de bons amis. »

A l'évidence, Jack avait fait un bon bout de chemin sans s'être senti culpabilisé. Lorsqu'il est arrivé, les sœurs l'ont accepté comme il était. Elles lui ont proposé de l'alcool, et Jack n'en a plus abusé.

Elles lui ont proposé de se confesser, de prier, sans rien imposer. Elles utilisent des antalgiques et, peu à peu, favorisent l'usage du cocktail de Brompton[1] pour soulager la douleur : les malades peuvent alors s'asseoir, agir, rester

---

1. Voir note 4, page 36.

conscient jusqu'au bout, devenir, espérons-le, aussi créatifs que Jack pendant les deux dernières années de sa vie. Comme celle de Beth et celle de Louise, sa créativité s'est révélée lorsqu'il a commencé à vivre pleinement. Ce qui est possible dans un environnement humain, chaleureux, ne l'est pas dans un contexte hospitalier stérile, mécanisé.

La femme de Jack lui rendait visite plusieurs fois par semaine à St Rose. Sans trop de difficultés, car elle pouvait prendre un taxi. Ici, ni la chambre, ni la pension, ni les traitements médicaux, ni les médicaments n'étaient à leur charge. Aussi pouvaient-ils s'offrir le luxe d'un taxi. Longtemps après la mort de Jack, j'en suis sûre, ses maisons de poupées et tout ce qu'il a créé de beau lors du *bonus accordé par la vie* toucheront petits et grands. Preuve, s'il en était encore besoin, que si l'approche de la mort est un cauchemar dans un hôpital triste et déprimant, cela peut aussi devenir un temps d'éveil, de créativité, de paix, comme c'est le cas aux États-Unis dans les St Rose's Homes.

Soins prodigués à la maison

Pendant cinq ans, j'ai accompagné des mourants au CHU (Centre hospitalier universitaire) de Chicago. A des étudiants en médecine, à des aumôniers d'hôpitaux, à des infirmières, à des assistantes sociales, j'y ai enseigné les besoins des malades en fin de vie : j'ai dit leur solitude, leur envie de déposer une parole, pourvu qu'ils trouvent une oreille attentive. Après ces cinq années, j'ai compris que je devais partir. Partir pour laisser d'autres reprendre le flambeau : avec courage, se mettre au service de ces malades, les écouter, au lieu de m'appeler en consultation. Après avoir quitté l'hôpital, les malades continuaient de m'appeler, alors que je ne pouvais plus leur rendre visite dans les hôpitaux où, n'exerçant plus, j'avais perdu mes prérogatives.

Je me suis mise à réfléchir sur l'importance des soins donnés avec amour, le besoin d'antalgiques appropriés, et ce, dans un environnement positif, suffisamment sécurisant. Nombre de mes patients et de leurs familles prirent conscience qu'ils avaient le choix. Peu de familles envisageaient de ramener le malade chez lui pour qu'il y meure. Il était plus normal de confier à l'hôpital une personne en fin de vie. Non seulement c'était la norme sociale, mais c'était ce qu'il fallait faire. Cela sous-entendait que la famille avait tout tenté, que personne n'était à blâmer, que les meilleurs spécialistes avaient été consultés, que les conditions matérielles optimales étaient réunies lorsque l'un des leurs abordait le grand passage.

Notre approche s'avérait radicalement différente, sous-tendue par une pensée différente, une tout autre philosophie : emmenez votre malade à l'hôpital pour tout traitement curatif approprié, chimiothérapie, radiothérapie... aussi longtemps que nécessaire ; mais si le traitement a échoué, ou du moins ne donne pas de résultats probants, ramenez-le à la maison : voilà ce à quoi nous confrontions les malades et leurs familles.

Notre approche était la même pour les enfants atteints de tumeurs cérébrales, lorsque tous les traitements possibles avaient été tentés, jusqu'aux médicaments expérimentaux. Un moment vient, où l'enfant malade lui-même nous signale qu'il en a assez de toutes ces piqûres, de tous ces tests de moelle osseuse, de tous ces traitements. Il veut rentrer à la maison. Ce désir, nous avons pu le transmettre aux parents que leurs propres peurs, leur angoisse, empêchaient souvent d'entendre. Nous le leur avons montré grâce aux dessins des enfants, à travers leur langage symbolique. De très nombreux parents ont pu alors entendre les appels de leurs petits. Nombreuses furent les femmes qui firent sortir leur mari de l'hôpital pour les installer chez eux ; nombreux furent les hommes qui en firent autant pour leur épouse ; à condition d'être assurés d'un soutien, d'être relayés, et d'avoir la possibilité d'appeler quelqu'un en cas de panique, d'angoisse extrême, face à un comportement imprévu ou un symptôme inconnu.

Rares sont les médecins qui acceptent de faire des visites à domicile, nous en étions bien conscients. Quant à moi, sans cesse en déplacement, je ne pouvais être partout à la fois, mes patients étant dispersés sur tout le territoire, de San Francisco à New York. Alors tel est le défi que nous avons lancé aux familles : envisager la possibilité de ramener à la maison celui des leurs qui se meurt. Nous nous sommes rendus disponibles ; nous sommes convenus avec eux de rendez-vous téléphoniques ou *de visu* ; nous les avons mis face à leurs peurs ; nous les avons incités à mobiliser tout leur courage pour y arriver.

Ce qui est beau, dans ces consultations, c'est qu'elles ne requièrent que très peu de temps. Souvent en une demi-heure, la famille envisage les différentes options, prend conscience qu'un retour du malade au foyer est possible. Elle se met à en estimer les avantages : des soins beaucoup moins coûteux dispensés à celui ou celle qu'ils aiment, un environnement familier, une présence physique constante. Fait essentiel, la famille découvre que le malade, comme elle-même, a réellement le choix.

Après en avoir discuté avec la personne en fin de vie, nombre de patients, de familles, ont décidé de tenter l'expérience et de s'en ouvrir au médecin traitant. Souvent, voisins et amis sont mis à contribution ; ils participent au retour à la maison, à la réorganisation générale : se procurer une tente à oxygène, un aspirateur bronchique, un lit médicalisé facilement modulable. Pour transformer le salon en une chambre de malade confortable.

Tous ces changements peuvent perturber les enfants qui n'ont plus vu leur papa ou leur maman, hospitalisé(e) depuis des semaines. Mais ils sont fous de joie lorsqu'ils apprennent que « maman revient à la maison ». Certes, maman aura l'air un peu différente, elle ne pourra plus faire quoi que ce soit pour eux, elle ne quittera plus son lit. Il leur faudra veiller à ne plus faire trop de bruit, ni claquer les portes, ni regarder la télévision, à moins qu'elle ne l'autorise. Mais ces légers inconvénients, ces réajustements seront largement compensés par la présence de maman, qui pourra encore leur caresser les cheveux, leur faire un signe de la main, les toucher, prendre leur main dans la sienne, leur sourire, verser une larme, parfois. Combien d'enfants dans les bras de leur mère répètent : « Maman, je suis si content que tu sois là ! » Quelle que soit la gravité de l'état du parent malade, l'important pour l'enfant est d'être auprès de lui, de le sentir physiquement proche, et non plus séparé, dans un lointain hôpital où les enfants ne sont pas admis.

Il est arrivé qu'un enfant devienne, à l'occasion, cuisinier, aide ménagère, infirmier : le jeune Rusty s'est fait l'auxiliaire médical de Jamie, sa petite sœur ; il a su faire marcher l'aspirateur bronchique et la tente à oxygène. Participer aux soins prodigués à une petite sœur et ainsi soulager leur mère, peut permettre à un enfant de s'accomplir. Il est important de le souligner, de faire comprendre à la famille qu'une personne ne peut jamais assumer seule la charge d'un malade en phase terminale ; qu'il faut être au moins deux pour que la vie continue, aussi naturelle et normale que possible.

Il est essentiel que les membres de la famille continuent à vivre, qu'ils ne se coupent pas de leurs relations : la perte serait trop grande et dommageable ; le retour à la vie *normale* – après le décès – en serait d'autant plus difficile. Nous avons encouragé la femme d'un malade en fin de vie à aller chez le coiffeur une fois par semaine comme elle en avait l'habitude avant la maladie de son mari. Nous avons incité un homme à aller au bowling avec ses amis une fois par semaine comme avant la maladie de sa femme. Que les enfants continuent à inviter leurs amis à la maison, même si on leur demande d'être sages et de jouer dans la pièce d'à côté. Tous, frère ou sœur, parents, grands-parents, nous les avons incités à parler à celui qui meurt de tout ce dont ils avaient envie, y compris de la mort imminente ou des dispositions funéraires. Ils ont abordé ces sujets avec leur père, leur mère mourants, avec leur frère, leur sœur, avec leur grand-père ou leur grand-mère, parfois plus réticents à aborder ces sujets.

Les enfants viennent souvent clore les situations inachevées de leurs parents. C'est ce qui se passa dans la maison d'une mère arrivée au terme de sa vie. Son mari ne supportait plus la situation ; dans une explosion d'angoisse et de rage impuissante, il lui cria qu'il regrettait de l'avoir épousée, qu'il placerait les enfants dans des familles d'accueil, et qu'il réfléchirait à deux fois avant de se remarier. Il abandonna sa femme de vingt-huit ans à l'hôpital, en pleurs, dans une angoisse extrême, un désespoir total. Impuissante à faire quoi que ce soit pour ses enfants de cinq et un ans. Une amie venue la voir prit conscience du désastre, supplia le médecin de signer une décharge pour cette jeune femme mourante et m'appela en consultation. Je préparai cet homme à ramener sa jeune femme chez eux pour leur permettre de résoudre ensemble l'irrésolu. Infiniment reconnaissant, il coopéra. Assise à la table de la cuisine avec l'enfant d'un an et avec celle de cinq ans, j'ai demandé à la plus grande de me faire un dessin et de me parler de sa maman, de sa maladie et de sa mort.

Le deuxième soir après le retour de la mère à la maison, j'y suis retournée. Il fut décidé d'inviter les parents de la malade qui entretenaient avec leur fille des relations conflictuelles ; leurs problèmes n'étaient pas liés à la mort imminente de leur fille. La mère était hypocondriaque ; le père, alcoolique depuis quinze ans, rejeté par les membres de sa famille, isolé, ne communiquait pratiquement plus avec sa femme, ni avec sa fille. Ces parents se disaient trop faibles pour supporter le stress de voir mourir leur fille. Je n'étais pas de leur avis : j'estimais qu'ils avaient le droit d'être présents auprès de leur seule et unique fille, que cela pourrait leur donner la force de surmonter leur propre faiblesse.

Nous avions installé la malade près de la fenêtre du salon, dans un lit confortable. J'étais assise en face d'elle, les deux enfants sur les genoux; son mari était à ma gauche et sa mère à ma droite. Spontanément, presque sans y penser, sa mère étendit le bras et le posa sur l'épaule de son mari, père de la malade. Il en fut très touché. Ému de ce rapprochement inattendu, il tendit la main à sa fille qui avait la main dans celle de son mari; ainsi, sans l'avoir cherché, à l'improviste, avons-nous formé un cercle d'êtres humains entourant cette jeune femme au moment de sa mort, prématurée certes, mais belle et paisible.

Quelques heures avant sa mort, elle ouvrit les yeux; elle nous regarda tous en souriant. Ce fut à ce moment-là que la petite fille de cinq ans commença à mettre en mots tous les non-dits des adultes. Elle regarda sa mère, me regarda et me demanda tout d'un coup: «Docteur Kübler-Ross, est-ce que, dans ma prière du soir, je peux demander à Dieu qu'il vienne prendre ma maman?»

Je lui répondis que ce serait bien, que Dieu comprendrait et écouterait ses prières. Après avoir réfléchi un moment, elle se retourna et ajouta: «J'espère que ça ne Le dérange pas si je fais ensuite une autre prière pour Lui demander de nous la ramener.» Je lui répondis qu'elle pouvait dire à Dieu tout ce qu'elle voulait, qu'Il l'entendrait, la comprendrait. Elle pouvait être sûre, un jour, de retrouver sa maman. Mais elle devait comprendre que, là où sa maman allait partir, le temps était très différent du nôtre ; qu'elle la retrouverait, mais pas demain, ni le jour suivant. Après un instant de réflexion, la petite fille regarda de nouveau sa mère et dit : « Si cette maman meurt, est-ce que je vais avoir une belle-mère ? »

En silence, la jeune femme toucha la main de son époux, manifestant par là son inquiétude des conséquences de leur brève et douloureuse union ; l'encourageant à aller de l'avant, à épouser une autre femme s'il en trouvait une pour l'aimer sincèrement et le rendre plus heureux qu'ils ne l'avaient été pendant leur mariage. A cet instant-là, ils étaient tous en larmes. Les adultes étaient bouleversés, mais la fillette continua, imperturbable : « Et si toutes mes mamans meurent, qui me fera à manger ? »

En riant, je lui dis que j'avais une grande cuisine et que si toutes ses mamans mouraient, ce qui était bien improbable, elle pourrait toujours emménager chez moi ; que je me ferais un plaisir de cuisiner pour elle. Elle m'entoura de ses bras chauds et potelés et me fit un gros câlin. Peu après, nous lui avons demandé de dire bonsoir à sa maman. Nous avons couché, bordé les deux enfants. Il n'était pas loin de dix heures du soir. Un voisin me ramena chez moi une heure plus tard. Juste avant minuit, je reçus un coup de téléphone m'annonçant que la jeune mère était morte paisiblement dans son sommeil. Nous avions évité à un veuf de se sentir en proie à la culpabilité. Accablé de chagrin, il aurait eu beaucoup de mal à refaire sa vie, à se remarier. Nous avions aussi permis à deux jeunes enfants de participer à l'un des moments les plus importants de la vie : le passage de leur mère à une autre forme d'existence, entourée de trois générations réunies.

Accompagnée de sa musique préférée, une bougie sur la table, les enfants autour d'elle, un bouquet de fleurs cueillies par ses enfants, elle eut une mort bien différente de celle qui l'attendait à l'hôpital ! Pour ces enfants-là, la mort ne sera pas associée à la solitude, à l'isolement, à de faux-semblants, à une tromperie. Ils s'en souviendront comme d'un temps de partage où parents, grands-parents, amis proches prirent conscience de leurs angoisses, de leurs peurs et purent les surmonter ensemble.

Après avoir accompagné plusieurs personnes ainsi à la maison, jusqu'au bout, j'ai compris que chacun d'entre nous est en droit d'accéder à ce privilège. Plutôt que d'opter pour l'hôpital, ou pour une maison de retraite médicalisée, il est possible de choisir l'hospitalisation à domicile, avec un mode de soutien effectif. Pour laisser advenir ce choix constructif, positif, pour s'en faire le catalyseur, il suffit d'un peu de temps.

Hospices : des lieux de vie où le malade est accompagné

Certains n'ont aucune famille. Il est des cancers qui provoquent inconfort et mauvaises odeurs. Il est des personnes âgées qui n'ont plus la force de s'occuper de leur compagnon. Pour toutes ces personnes, l'Hospice[1] est une solution.

---

1. Si, en français, ce mot et la réalité qu'il recouvre ont pris une connotation péjorative, dans les pays anglo-saxons, au contraire, ce mot retrouve son sens originel : lieu où des religieux offrent l'hospitalité aux étrangers, pèlerins, voyageurs ; soignent les blessés, les malades et viennent en aide aux mourants, offrant nourriture, refuge et encouragement spirituel. S'inspirant de cette tradition, laïcisée, le Mouvement des Hospices a été le précurseur de ce que nous appelons aujourd'hui « les soins palliatifs », expression du canadien Balfour Mount, lancée en 1975 pour désigner un service accueillant les malades en fin de vie, radicalement différent du *mouroir* de sinistre réputation. Le principe repose sur une prise en soin globale, continue, de la personne malade, de ses besoins, de son environnement, de ses proches. Cet accompagnement se fonde sur le soulagement de la douleur physique, de la souffrance psychique, sociale, spirituelle. (N.d.T.)

Il y a quelques centaines d'années, le mot *hospice* évoquait un refuge d'altitude, dans les montagnes suisses, où des moines accueillaient les voyageurs qui franchissaient des cols pour traverser les montagnes. C'était ces mêmes moines qui élevaient les saint-bernard, ces chiens, désormais célèbres, dressés pour retrouver les victimes d'avalanches. Par tradition, l'Hospice de Saint-Bernard a toujours pris soin des personnes dans le besoin, voyageurs blessés, fatigués, victimes d'accident.

Plus tard, en Angleterre, c'est dans les hospices que l'on a commencé à prendre soin des mourants. Le plus connu en Grande-Bretagne est celui de Sydenham; on y utilisait la version originale du cocktail de Brompton[2]. Les malades y séjournaient en moyenne seize jours avant de mourir. Aux États-Unis, l'Hospice de New Haven, dans le Connecticut, fut le premier à ouvrir ses portes à un programme de soins à domicile; il était ainsi possible d'offrir aux personnes en fin de vie une prise en charge globale, essentielle lorsqu'il n'est plus question d'administrer un traitement actif, curatif, ni de prolonger la vie. Depuis l'ouverture de l'Hospice de New Haven, nous avons pu susciter la création de cinquante-cinq autres Hospices aux États-Unis et contribuer

2. Voir note 4, page 36.

à leur animation. Aujourd'hui, rares sont les États américains qui n'ont pas le leur, ne serait-ce qu'à l'état de projet.

Un homme venu participer à l'un de mes stages m'offrit pour cadeau de Noël... un Hospice ! Le premier du Wisconsin, qu'il venait d'installer dans un ancien hôpital psychiatrique désaffecté. Au lieu de dépenser une fortune à construire de nouvelles infrastructures, il sut tirer parti de la structure existante, merveilleusement située : dans un parc, au milieu de pelouses, d'arbres et de fleurs. Avec son équipe, il mit sur pied une unité où les malades trouvent un lieu de vie chaleureux et une prise en soin globale. Aujourd'hui aux États-Unis, ces établissements se sont multipliés. Il faut espérer qu'il y aura toujours une place dans l'un d'eux pour ceux qui n'ont pas la possibilité de vivre chez eux jusqu'à leur dernier jour, soutenus et accompagnés par leur famille. Ici, il leur est permis de vivre jusqu'à ce qu'ils meurent, sans devoir dépenser leur énergie, leurs ressources financières et leur espoir à la prolongation de la vie. Ils ne sont pas entourés d'appareils déshumanisants, de technologie, de soignants, efficaces certes, mais malheureusement trop débordés pour venir s'asseoir simplement à leur chevet, leur donner la main ou les écouter se pencher sur leur vie, sans être aussitôt appellés ailleurs, sans qu'une surveillante ne leur fasse une remarque ou qu'une urgence ne les renvoie « au travail ».

S'il en existe, rares sont les maisons de retraite médicalisées qui cherchent à créer un programme d'activités pour aider les personnes à vivre jusqu'au bout, qui essayent de mettre en valeur les talents de leurs patients, leur aptitude à donner et à recevoir, ou qui leur permettent d'exprimer leur créativité. Aux États-Unis, presque tous ces établissements sont fondés sur la seule assistance au patient. Or, homme ou femme, aucune personne malade ne peut accéder à un sentiment de fierté, à l'estime de soi-même, à la dignité, dans ces conditions minimales. D'autre part, fait non négligeable, la prise en soin dans un hospice revient beaucoup moins cher que dans un hôpital. Les personnes en fin de vie ont déjà assez de problèmes à gérer ; il n'est pas juste que pèsent en plus sur eux des coûts médicaux et hospitaliers énormes, disproportionnés.

Il y a quelques années, j'ai eu l'occasion de me rendre au St Rose's Home de Fall River, dans le Massachusetts, une annexe de celui de New York où se trouve notre ami Jack. Je fus sidérée qu'un tel établissement reste encore si peu connu. Cet ancien manoir transformé en hospice pour malades indigents arrivés en phase terminale, était tenu par les dominicaines les plus chaleureuses et attentionnées qu'il m'ait été donné de rencontrer dans ce pays. J'y débarquai un soir, vers neuf heures, de manière impromptue. Les sœurs me firent néanmoins visiter la maison ; elles m'autorisèrent à parler aux malades, aux membres de l'équipe soignante ; ma visite fut brève mais inoubliable.

La véranda, toute fleurie, était magnifique. Les malades avaient l'air très entourés, bien tenus : coiffés, habillés avec soin... Les religieuses insistèrent sur le fait que leur établissement était entièrement financé par des fonds privés ; elles n'acceptaient que les personnes sans ressources, incapables d'accéder à l'un de ces coûteux hôpitaux. Tous les services étaient gratuits, et le personnel veillait à la satisfaction de leurs besoins. C'était presque trop beau, si parfait que j'en devins sceptique. Après le départ de tous les visiteurs, je me glissai dans une chambre de malade et interrogeai la première femme qui se trouvait là, dans un lit : « Comment trouvez-vous cette maison, exactement ? », lui demandai-je. « Il n'y a pas, sur terre, meilleur endroit pour vivre », me répondit-elle, le visage resplendissant, en insistant sur le mot VIVRE.

Curieusement, il n'y a guère de publicité autour des sept St Rose's Homes existant aux États-Unis. Pourtant, ces établissements sont une bénédiction pour ceux qui ne peuvent s'offrir le coût d'hospitalisation en vigueur aujourd'hui, dans le cas d'une maladie de longue durée. On y prend soin d'eux avec tendresse, avec amour. Tous sont pris en charge, sans la moindre dépense pour eux ou leur famille, sans attente d'une contrepartie matérielle. Ce que les membres de l'équipe soignante de St Rose reçoivent en retour, c'est de la gratitude, de l'amour, de la reconnaissance, sans compter d'innombrables bénédictions, j'en suis sûre, pour l'amour peu ordinaire qu'ils témoignent à leurs patients. Les photographies des pensionnaires de St Rose traduisent la fierté, la dignité, la paix de ces hommes, de ces femmes. Oui, découvre-t-on en les regardant, il existe, dans ce pays, un lieu digne de notre soutien, de nos prières.

Il faut espérer qu'avec des hospices en plus grand nombre et davantage d'hospitalisations à domicile, un jour, nos enfants ne lisent plus à l'entrée des hôpitaux : « Établissement interdit aux enfants de moins de quatorze ans. » Souhaitons qu'il soit désormais permis à tout enfant de moins de quatorze ans de pouvoir regarder les réalités de la vie en face.

Souhaitons que nous cessions de les *protéger* ; qu'ils ne servent plus de miroir à nos peurs, à nos angoisses. Espérons que nous, adultes, prenions conscience que ce sont nos peurs que nous projetons sur la génération suivante. Avec du courage, il nous devient possible de reconnaître que nous avons des problèmes ; qui peuvent se résoudre si quelqu'un nous écoute, nous permet d'exprimer la peur, la culpabilité, l'inaccompli. Nous en acquitter vide notre étang de négativité refoulée. Nous commençons alors à vivre avec intensité, à vivre en harmonie.

Les enfants qui ont vécu de telles expériences, dans un environnement sain, chaleureux, sécurisant, élèveront à leur tour la génération prochaine ; laquelle ne comprendra sans doute même pas que nous ayons éprouvé le besoin d'écrire des livres sur la mort et les mourants, de fonder des établissements spéciaux pour les personnes en fin de vie, ni pourquoi la peur de la mort existait, jusqu'à nous submerger, parfois ; une peur de mourir qui, depuis si longtemps, cachait la peur de vivre.

Rendons grâce à tous ceux qui dispensent aux malades des soins attentionnés dans les hospices de ce pays. Rendons hommage aux équipes soignantes pour avoir accepté d'offrir en partage aux lecteurs de ce livre leur travail, mis en paroles et en images. Le bénéfice en est toujours réciproque. Nous les avons aidés à se mettre en route. Nous avons cherché à faire prendre conscience à la société des besoins des personnes en fin de vie. Nous avons été entendus. Des centres sont désormais ouverts à ceux qui ne peuvent rentrer chez eux. Un jour, l'un d'entre nous aura besoin d'être accueilli. Les lieux d'accueil se seront alors répandus à travers tout le pays : dans chaque État, un lieu d'accueil, et un Shanti Nilaya[3]. Ainsi n'aurons-nous plus à attendre d'être proches de la mort pour nous atteler à nos tâches laissées en suspens, à nos peurs, à la culpabilité, à la honte ; si nous les affrontons avant d'en être au stade terminal d'une maladie, nous pourrons alors vivre intensément. Nous serons prêts, même si la mort nous surprend.

Shanti Nilaya signifie : « Havre de paix ultime. » Il y aura de nombreux havres de paix ultimes, mais tant que nous aurons peur des orages de la vie, nous ne vivrons pas en paix. Tant que nous protégerons nos enfants comme des plantes en serre, ils ne vivront pas en paix. Les enfants paisibles seront ceux dont les parents savent ce qu'aimer inconditionnellement veut dire, ceux dont les parents n'auront pas protégé les premiers pas hors de la maison. Ces parents-là n'auront pas cherché à les retenir lorsqu'ils prirent l'autocar de ramassage scolaire pour la première rentrée, le premier jour, terrifiant. Ces parents-là savent mettre les petites roues d'appui à une bicyclette, pour les démonter dès que l'enfant est prêt à rouler sans elles.

---

3. Notre centre d'éveil et de guérison. (N.d.A.)

Vie, mort, passage : enseignement à Shanti Nilaya

Face à une mort imminente, comment exalter vie et créativité ? C'est à cela que nous formons quiconque vient ici : membres du personnel hospitalier, non professionnels, personnes de l'entourage d'un mourant, personnes encore valides, atteintes d'un mal incurable.

Notre principal outil de travail : le stage d'une semaine appelé « Life, Death and Transition[1] », ouvert à toute personne de seize à quatre-vingt-neuf ans prête à passer cinq jours de retraite en un lieu réservé pour nous seuls, situé en général à l'écart d'une grande ville. Les participants sont directeurs médicaux, médecins, ingénieurs, travailleurs sociaux, infirmières, membres du clergé, étudiants, mères de famille, professeurs

1. « Vie, mort, passage ». (N.d.T.)

de yoga, philosophes, poètes... Y viennent souvent des parents d'enfants mourants, ou ceux dont les enfants ont été assassinés. Y participent toujours des malades en fin de vie, de tous âges, à l'exception des plus jeunes. Certains, en bonne santé, ont vu leur vie bouleversée par une expérience de mort ou une tragédie ; d'autres désirent faire le point sur leurs valeurs, rectifier l'orientation de leur vie, qu'ils aient ou non conscience de sa brièveté. Qu'ils soient professionnels de santé ou non, jeunes ou vieux, croyants ou agnostiques, ils vivent ensemble cette expérience et en sortent transformés.

Le but de ces stages est de transmettre à un groupe de soixante-dix personnes l'enseignement reçu auprès des mourants, nos maîtres depuis une douzaine d'années. Nous proposons aux stagiaires d'exprimer leurs chagrins, d'aller à la recherche de leurs situations inachevées, de leurs peurs, de leur culpabilité ; nous les aidons à revivre, à extérioriser leurs émotions négatives, afin de pouvoir trouver la paix, de ne plus perdre leur énergie à refouler leurs sentiments corrosifs. Nous les aidons à s'en libérer ; nous cherchons à leur enseigner l'amour inconditionnel, comment servir son prochain. De retour à la maison, à l'école, à l'hôpital, sur son lieu de travail, chacun pourra accomplir ce que les personnes mourantes réalisent les derniers jours de leur vie physique – ce que, hélas ! personne ne leur avait appris à faire plus tôt et qui, pourtant, leur aurait permis d'affirmer : « J'ai vraiment vécu. »

Ces stages ont lieu à travers tout le pays ; ils varient beaucoup d'un endroit à l'autre, et dépendent surtout du degré d'implication des participants. Pour permettre à chacun d'exprimer la douleur, la rage, l'impuissance, nous utilisons une technique très simple : il suffit de frapper un matelas avec un tuyau en caoutchouc ; cela fait surgir des émotions similaires chez ceux qui sont témoins de la scène.

Pour répondre à une demande croissante – certains doivent rester deux ans en liste d'attente avant de pouvoir participer à un stage –, nous avons voulu fonder un lieu où toute personne puisse recevoir cette aide, quels que soient son âge, ses origines, sa foi et ses ressources financières.

En novembre 1977, nous avons ouvert notre centre de développement personnel et de guérison en Californie, au nord d'Escondido, dans une propriété privée entourée de montagnes ; nous l'avons donc appelé Shanti Nilaya, « Havre de paix ultime ». Lieu de retraite permanent au besoin : nous y avons conçu des aménagements spéciaux pour handicapés moteurs, enfants mourants, jeunes en difficulté ; tous, adultes de tous âges, d'horizons différents, y sont accueillis pour participer aux stages, pour apprendre à devenir vivants et le rester jusqu'au jour de leur mort.

Le centre Shanti Nilaya se veut havre de paix pour qui cherche à comprendre le sens, le but de la vie, de la mort, de la souffrance, de la douleur, physique, intérieure, globale. Nous rêvons de pouvoir fonder d'autres Shanti Nilaya afin que, dans la prochaine décennie, il y en ait un dans chaque État, dans chaque pays du monde.

Que Shanti Nilaya devienne non pas un lieu pour les mourants, mais un lieu pour qui a le courage d'affronter ses peurs ; qui, au lieu de les éviter ou de les refouler, a le désir de les traverser pour les abandonner derrière lui.

Ce que nous enseignons à Shanti Nilaya et dans nos stages, c'est peut-être le texte publié dans notre premier calendrier qui l'exprime le mieux ; nous y définissons simplement l'amour véritable, tel que nous l'ont transmis nos « enseigneurs » :

AIMER VEUT DIRE NE RIEN IMPOSER A NOTRE SEMBLABLE ; MAIS PLUTÔT LUI OFFRIR NOTRE AIDE. ET S'IL LA REFUSE, ÊTRE FIER QU'IL PUISSE ARRIVER SEUL A SES FINS.

AIMER VEUT DIRE VIVRE SANS LA PEUR ET L'ANGOISSE DU LENDEMAIN.

AIMER VEUT DIRE NE PAS CRAINDRE LES TEMPÊTES DE LA VIE : SI LES CANYONS ÉTAIENT RESTÉS A L'ABRI DES OURAGANS, NOUS N'AURIONS JAMAIS PU CONTEMPLER LA RÉELLE BEAUTÉ DE LEURS SCULPTURES.

Je souhaite que ce livre vous encourage à vous exposer à ces tempêtes, pour que, au dernier jour de vos jours, vous puissiez vous regarder dans la glace et y découvrir avec plaisir, avec fierté, les sculptures de *votre* canyon.

Postface

« Ils m'ont appris ce qu'est la vie », dit des mourants Elisabeth Kübler-Ross[1].

Ce livre est un livre de vie.

Aller au plus profond de la mort et y trouver la vie. Sous une forme ou sous une autre, inattendue, la voir surgir !

Offrir sa seule présence pour creuset.

Par quelle alchimie ?

Mystère même de l'existence...

« Toute ma vie, ma spécialité a été d'aider les gens à se débarrasser de leurs peurs[1]. »

Ce livre est un livre *par* et *pour* des personnes en vie.

---

1. Interview accordée en 1987 à Tony Adams, journaliste britannique, et parue en cassette vidéo sous le titre *EKR, Her Ideas and Beliefs* (« Elisabeth Kübler-Ross : Ce que je crois. ») (N.d.T.)

Elisabeth Kübler-Ross a elle-même apprivoisé, revisité la mort.

La mort n'est pas une fin, elle est passage à une autre forme de présence.

La démarche est simple : commençons par nous-mêmes. Aujourd'hui, je suis vivant ; demain, le serai-je encore ? Celui ou celle que j'aime est ici, vivant. Qu'en sera-t-il demain ? Ce qu'Elisabeth Kübler-Ross a puisé aux confins de la vie, il n'appartient qu'à nous d'en profiter. Notre boulot, au fond, c'est d'être vivants.

Et la vie, c'est contagieux !

Nous n'avons pas forcément à attendre quoi que ce soit d'autre que notre propre détermination à vivre ; un choix à bâtir, à consolider jour après jour, jusqu'au dernier.

Elisabeth Kübler-Ross a assumé ses choix et leurs conséquences. Elle a vécu toute la gamme des émotions humaines et les limitations qui nous sculptent, des moments magnifiques aux moments les plus rudes, jusqu'aux « nuits noires de l'âme », jusqu'à l'inacceptable. Aujourd'hui à demi paralysée, la *dame de la vie et des vivants* vit retirée de la vie publique. Il lui arrive encore de danser.

« Mon rôle a toujours été celui d'un catalyseur. Je ne dirige pas d'institution ; je sème des graines », dit-elle.

Les graines semées, lancées dans l'air du temps, sont tombées en terre. Elles germent, croissent, changent la couleur du paysage dans le monde entier. Certains s'inspirent directement de son travail. L'opinion publique est sensibilisée ; à la suite des pionnières dont elle fit partie et du Mouvement des Hospices dans les pays anglo-saxons, les unités de soins palliatifs se multiplient. Des services d'aide à domicile en lien avec des associations permettent à de plus en plus de personnes en fin de vie, même si elles ne bénéficient pas de soutien familial, de mourir là où elles ont vécu.

D'autres associations offrent à des enfants malades, à des adolescents en difficulté, à des personnes âgées, la possibilité de réaliser leur rêve...

« De tous mes livres, c'est celui-là que je préfère », me confiait Elisabeth Kübler-Ross en juin 1991 lors d'un stage qu'elle animait près d'Édimbourg, en Écosse.

C'était notre deuxième rencontre. Ces mots, leur intensité, accompagnés d'un sourire radieux, me sont arrivés en plein cœur, en plein ventre. L'intention de faire connaître cet ouvrage, de le traduire en français, a jailli à ce moment précis. Sans rien en savoir, sinon qu'elle avait ses raisons de l'affirmer.

La nuit suivant mon retour, j'ai eu un rêve : nous étions quelques voyageurs sur le quai d'une gare au pied de hautes montagnes. A peine étions-nous installés dans le petit train à crémaillère que celui-ci nous propulsait d'un seul élan jusqu'au col. En pleine lumière.

Abandonner la vallée, changer d'altitude, de point de vue, faciliter le passage au voyageur qui traverse la montagne, voire provoquer un grand saut pour y parvenir : être passeur, propulseur de vie, voilà le rôle d'Elisabeth Kübler-Ross, *première de cordée* pour tant d'entre nous, que nous soyons au milieu du voyage ou au bout du chemin.

Ce livre le révèle.

Publié en 1978 aux États-Unis, texte précurseur, révolutionnaire. Paroles et images s'y répondent. Livre à contre-courant du mouvement d'éclipse de la mort, tabou, qui dérange, fait peur.

Si scandaleux qu'à l'époque, aucun éditeur ne voulut se risquer à le publier en français. La médecine progresse ; les traitements évoluent ; l'œuvre conserve toute sa force.

Avec vingt ans de recul, ces images, ces paroles ont pris corps.

« Prenez le temps de regarder ces photographies, non seulement avec les yeux, mais aussi avec le cœur et l'âme », dit-elle.

Oui, lu ainsi, reçu dans notre chair, jusque dans les entrailles, ce livre est transformant.

Marie Delort Vilnet

Table

Remerciements

En plus des malades, nous remercions :

Le révérend père Michael Stolpman, de l'Hospice du Roger's Memorial Hospital, Milwaukee ;

Sœur Cecilia et sœur Mary David, de St Rose's Home, à New York ; Dennis Rezendes et John Abbot, de l'Hospice de New Haven ;

Lucy Kroll ;

l'équipe de Shanti Nilaya ;

Robert Sussman Stewart, directeur de publication chez Prentice Hall.

Cet ouvrage reproduit par procédé photomécanique a été achevé d'imprimer sur les presses de

BUSSIÈRE

GROUPE CPI

à Saint-Amand-Montrond (Cher)
en octobre 2005

POCKET - 12, avenue d'Italie - 75627 Paris Cedex 13
Tél. : 01-44-16-05-00

N° d'imp. : 52044. - Dépôt légal : octobre 2005.

Imprimé en France